Sehr geehrter Ludwig van
Beethoven,

ich nehme momentan an einem Workshop teil, der Euch als Thema hat. Diese Woche treffen wir morgens in Eurem Geburtshaus in der Bonngasse zusammen und betrachten in dem Museum, das sich nun darin befindet, Porträts von Euch und Dinge aus Eurem Leben und hören Sachen über Euch.
Wir haben auch den Kanon „Bester Graf Sie sind ein Schaf" gesungen, er gefällt mir übrigens sehr gut. Ihr musstet ja kein Blatt vor den Mund nehmen. Ich glaube ich werde einen Kanon für meine „geliebten" Lehrer schreiben. Wie wäre es mit „Bester Herr Irings Sie sind ein Dings"?
Ich verehre Eure Musik, besonders das Stück „Für Elise". Schade, dass so ein Idiot „Für Elise" statt „Für Therese" abgeschrieben hat. Tja, das kommt davon, wenn man eine Sauklaue hat.

Adieu, mein verehrtester Meister.

Eure
Elizabeth Lisa Zimmermann

Mein überallergeliebter Ludwig. Mittwoch 13.10.'4

Schade das wir uns so lange nicht gesehen haben. Ich vermisse euch. Ich habe mich sehr über das Stück Für Terese gefreut, doch das es unter dem Namen Für Elise herausgekommen ist finde ich sehr schade. Mein lieber Ludwig ich verspüre einen willen der mir sagt das wir und trefen selten und verloben oder sogar heiraten sollten. Dennoch merkte schon vor langer zeit das meine Liebe zu euch mehr geworden ist. Ich möchte mit euch eine familie gründen. Ihr seid mein ein und alles. Ich liebe euch wie nie zuvor. Jeden morgen wache ich ohne euch auf. Und desto mehr ich an euch denke desto trauriger werde ich. Ich vermisse unsere gemeinsammen Tage in Wien. Last uns sie wiederholen. Kommt mich besuchen mein Ludwig. Last für ein paar Tage eure Arbeit liegen. Vergess alle anderen Damen und kommt nur zu mir. Ich bin wirklich immer für euch da. Sagt mir bescheid wenn und wann Ihr kommt.
Die Hauptsache ist, das ihr kommt!

Zimmermann

Bonn den 13.10.99

Sehr geehrter Herr von Beethofen
Wenn sie wüssten wie beliebt sie mitlerweile sind! Ihr Geburtshaus ist nun ein sehr schönes Museum. Dort werden auch Workshops angeboten. Aus genau diesem Grund sitze ich hier und schreibe ihnen diesen Brief. Schade das sie nicht hier sein können. Wenn sie noch einmal ein Konzert geben würden würde ich sofort hingehen. Denn ich finde ihre Musik großartig. Im übrigen könnte man heute vielleicht ih schwerhörigkeit behandeln. Aber es hat sich seit ihrer Zeit sehr viel geändert. Schauen sie doch mal vorbei.

Ihr Simon Hoffmann

LVB

Sehr geehrter herr Beethoven van Ludwigson

Herr besenstielbleistiftschreiber aus wien. Es gefällt mir sehr-herr Musikfuchs-sie wieder zu sehen. Ich habe mich über ihre eifrigen. Partituren aus wien sehr gefreut. Ich würde sie gerne mal besuchen. In 18 Jahren werde ich den Hofkapellen tieftauch navigations-aktivierer myt eingebautem Phaser dirigieren. Noten tieftauche: Herr Trinker. Sie konnen ja zu meinem verschlreifen Konzert am 24.11.3001 kommen

Ihr Hofkappellenreiter mit Doppelgänger aktivierung: Ludwig van Beethoven

Bonn den 7.10.1999

Donnerstag

Lieber Herr Beethoven
Ich möchte unbedingt wisen an wenn der Brief war. Ich gaub der Brief war an Antonie. Ich fand die Kinder und Antonie nicht so schön. und der Libes Brief war [illegible] nicht so schön.
Vile güsse [illegible]

Am: 22.8.

BESUCH BEI BEETHOVEN

mit

Martella Gutiérrez-Denhoff

und

Dieter Naumann

und

Alexandra, Amelie, Anja, Anna, Annika, Astrella, Christoffer, Daria, Dorothea, Elizabeth, Franziska, Helen, Henriette, Isabelle, Jamina, Jessica, Leonie, Linda, Lisa B., Lisa P., Marijke, Nora, Rebecca, Samantha, Sarah, Simon, Sophie-Luise, Teresa, Gabriel und Clara

VERLAG BEETHOVEN-HAUS BONN

Veröffentlichungen des Beethoven-Hauses

Gedruckt mit freundlicher Unterstützung von:

PROVINZIAL Geschäftsstelle Dietrich, Bonn
Partner der Sparkassen und der LBS
einer guten Adresse für die Versicherung von Kunstgegenständen, Ausstellungen und Museen.

Sparkasse Bonn
Wir haben Ideen

Kulturamt der Bundesstadt Bonn

Druck: Druck- und Werbegesellschaft mbH, Bonn
ISBN 3-88188-015-1

Wenn jemand gefragt wird, ob er eigentlich Ludwig van Beethoven kennt, dann wird er bestimmt sagen: „Klar kenne ich Beethoven! Kennt doch jeder." Und vielleicht macht er sogar noch „ta ta ta taaa".

Aber ob das wirklich stimmt? Ob er nicht nur weiß, dass Beethoven Komponist war, sondern auch was für ein Mensch er war? Und wann er gelebt hat? Und ob er Bäckermeister Fischer kennt? Und ob er etwas weiß über Beethovens erste musikalische Schritte? Oder über Beethovens Freunde in Bonn, oder über seine Zeit in Wien? Über seine Instrumente, über seine große Liebe? Oder über Beethovens Alltagsleben, über sein Lieblingsessen, über seinen Tod? Ob er das wirklich alles weiß?

Wie ist das bei dir? Wie gut kennst du Ludwig van Beethoven? Du willst mehr wissen als „ta ta ta taaa", nicht wahr?

Dann lass uns eintauchen in das Leben dieses außergewöhnlichen Menschen Ludwig van Beethoven. Lass uns Bekanntschaft machen mit dem kleinen Ludwig, dem jugendlichen Hofmusiker, dem Freund, dem Lehrer, dem Spaziergänger, dem Liebenden, dem berühmtesten Komponisten der Welt. Lass ihn uns zusammen kennen lernen, lass uns ihm und seinem Geburtshaus einen Besuch abstatten.

Inhalt

Kennst du eigentlich das rosa Haus in der Bonngasse in Bonn mit der Nummer 20? Das ist das Haus, in dem Ludwig van Beethoven geboren ist. Das Beethoven-Haus.

Wann genau das war, wissen wir gar nicht. Dafür wissen wir aber, wann er getauft worden ist. Und wo er getauft worden ist. Nämlich in der damaligen Remigiuskirche. Die stand ungefähr dort, wo heute der Blumenmarkt an der Remigiusstraße ist. Zum Glück hat der Pfarrer dieser Kirche den Tauftag des kleinen Ludwig im Taufregister festgehalten. Und weil dort der 17. Dezember 1770 eingetragen ist, wird der kleine Ludwig wohl am 16. oder 17. Dezember geboren sein. Das glauben wir, weil es die Leute damals immer sehr eilig hatten, ihre Kinder taufen zu lassen. Denn die hygienischen und die medizinischen Verhältnisse waren zu der Zeit so schlimm, dass viele Kinder ganz ganz früh starben. Sie sollten aber, wenn sie schon so früh gestorben waren, wenigstens christlich beerdigt werden können.

Sagen wir also, Ludwig van Beethoven ist am 16. oder 17. Dezember 1770 geboren.

Als Ludwigs Eltern, Maria Magdalena und Johann van Beethoven, 1767 in das Haus in der Bonngasse zogen, hatten die Häuser in Bonn noch gar keine Hausnummern. Erst 1793 fand die erste Häusernummerierung statt. Und da bekam es die Nummer 515. Ludwigs Eltern zogen im übrigen nicht in den Teil des Hauses, den du von der Straße aus sehen kannst, sondern in das kleinere Haus dahinter. Im Erdgeschoss dieses Hinterhauses gab es keine Wohnräume. Da waren Abstellräume und Ställe. Ein Klo gab es auch nicht, sondern eine Sickergrube im Hof. Dafür hatte das Haus aber eine eigene Wasserpumpe. So mussten die Beethovens ihr Wasser wenigstens nicht vom Brunnen am Markt holen.

Die Beethovens hatten eine kleine, einfache Wohnung. Das Wohnzimmer – der Museums-Raum 2 – war der größte Raum dieser Wohnung. Es ist ungefähr fünf Meter lang und drei Meter breit. Also etwa 15 Quadratmeter groß. Wie groß ist denn euer

Wohnzimmer zu Hause? Dann war da noch die Küche – Museums-Raum 3 – und die Stube – Museums-Raum 4. Hier in der Stube musizierte Ludwigs Vater manchmal mit seinen Kollegen von der Hofkapelle. Denn Ludwigs Vater war auch ein Musiker. Wahrscheinlich stand hier ein Clavichord oder ein Tafelklavier. Das ist so ein kleines, tischförmiges Tasteninstrument.

Im Obergeschoss schließlich war die Schlafkammer, in der Ludwig geboren wurde – Museums-Raum 11. Damals war sie sogar noch kleiner als heute. Der Raum wurde erst vor 110 Jahren verlängert. Du kannst es am Fußboden noch erkennen. Die Decke wird dir ziemlich niedrig vorkommen. Aber die war wirklich so niedrig. Denn die Menschen waren damals viel kleiner als heute. Und sie beanspruchten auch gar nicht so viel Platz wie wir heutzutage. In so einer Schlafkammer schlief meistens die ganze Familie. Die Möblierung war sehr einfach. Vielleicht hast du schon einmal woanders Stuben aus Beethovens Zeit gesehen. Die Möbel, die in dieser Wohnung standen, gibt es nämlich nicht mehr. Warum hätte man sie auch aufheben sollen? Als der kleine Ludwig mit seinen Eltern hier auszog, konnte ja noch keiner ahnen, dass er einmal ein weltberühmter Komponist werden würde. Außerdem wollten die Leute damals sowieso nicht alles aufheben.

So sah das Beethoven-Haus vor 110 Jahren aus.

Um ein Haar wäre 1889 sogar das ganze Haus abgerissen worden, weil es im Laufe der Jahre ziemlich verwohnt und verfallen war. Und das, obwohl Ludwig van Beethoven längst weltberühmt und erst 62 Jahre tot war. Aber das konnten einige Bonner Bürger gerade noch verhindern. Sie gründeten einen Verein und retteten damit das Geburtshaus Ludwig van Beethovens vor dem Abriss. Und nur deshalb kannst du es heute als Museum besuchen.

In der kleinen Schlafkammer unter dem Dach also brachte Frau van Beethoven ihre

Kinder zur Welt. Zunächst im April 1769 einen Sohn, den sie Ludwig Maria nannte. Doch der starb bereits sechs Tage nach seiner Geburt. Im Dezember 1770 dann bekam sie ihren zweiten Sohn. Den, der einmal der berühmteste Komponist der Welt werden sollte. Sein Großvater – ihn wirst du im nächsten Kapitel noch kennen lernen – hieß auch schon Ludwig van Beethoven. Er übernahm die Patenschaft über ihn. Von seinem Großvater und Paten also bekam Ludwig seinen Namen.

Das Haus der Fischers in der Rheingasse

Frau van Beethoven bekam noch mehr Kinder. Eigentlich hätte Ludwig sechs Geschwister gehabt. Aber nur seine Brüder Kaspar Anton Karl, der 1774, und Nikolaus Johann, der 1776 geboren wurde, erreichten das Erwachsenenalter.

Karl und Johann wurden aber nicht mehr in der Dachkammer des Hauses in der Bonngasse geboren. Denn als Ludwig drei Jahre alt war, zog die Familie in ein anderes Haus am Dreieck, in der Nähe des Münsterplatzes. 1776 schon wieder ein Umzug. Die Beethovens mieteten eine Wohnung im Haus der Familie Fischer in der Rheingasse, wo sie bis zu Ludwigs 14. Lebensjahr wohnten. Das Haus erhielt später die Hausnummer 934. Heute steht an dieser Stelle ein Hotel. Ulkigerweise mit dem Namen Beethoven.

Die Fischers hatten viele Kinder. Die kleine Cäcilie Fischer war Spielgefährtin der Beethoven-Kinder. Und ihr jüngerer Bruder Gottfried Fischer, der später Bäckermeister geworden ist, hat viele Jahre danach seine Erinnerungen an die Zeit, in der die Familie van Beethoven in seinem Haus wohnte, aufgeschrieben. Dadurch wissen wir viel über die Kindheit und Jugend des kleinen Ludwig. Zum Beispiel, wie Frau Fischer Ludwig und seinen Bruder Karl in ihrem Hühnerstall erwischte und die beiden darauf ansprach, dass sie in letzter Zeit viel weniger Eier vorgefunden habe als sonst. Ludwig soll ihr geantwortet haben:

„Oh, Frau Fischer, die Hühner verlegen oft Eier. Wenn sie sie dann aber wiederfinden, dann freuen sie sich um so mehr. Aber es gibt Füchse, die wie man sagt, auch die Eier holen.“

„Ich glaube, du bist auch einer von den schlauen Füchsen“, entgegnete Frau Fischer. *„Was wird aus dir wohl noch werden, Ludwig!“*

„Oh, das weiß der Himmel“, antwortete Ludwig. *„Nach ihrer Aussage bin ich ja bis dato ein Noten-Fuchs.“*

Auch in der damaligen Neugasse, der heutigen Rathausgasse, wohnten die Beethovens für eine kurze Zeit. Ganz in der Nähe von Ludwigs „Elementar-Schule“, also seiner Grundschule. In der Münsterschule, die damals ungefähr dort gestanden hat, wo heute der Puppenkönig ist, soll Ludwig ebenfalls einige Zeit gelernt haben. Mit etwa zehn Jahren ging er dann noch für ein Jahr in eine Lateinschule. Lateinschulen dienten damals der Vorbereitung auf das Gymnasium. Dorthin ist Ludwig allerdings nicht mehr gekommen, denn mit elf Jahren beendete er seine Schullaufbahn.

Im Februar 1784 trat der Rhein so weit über seine Ufer, dass man auch im Hause der Fischers nasse Füße bekam. Bis zum zweiten Stockwerk soll das Wasser gereicht haben. Ein Jahr später verließ die Familie Beethoven das Haus in der Rheingasse endgültig und zog in die Wenzelgasse, in das Haus, das später die Nummer 476 erhielt, die heutige Nummer 25. Hier wohnte Ludwig van Beethoven, bis er 1792 Bonn verließ.

Der Stammbaum der Familie Beethoven

Nun etwas über den Stammbaum der Familie van Beethoven. Weißt du, was das ist, ein Stammbaum? Deine Mutter und deinen Vater kennst du. Klar. Woher die kommen, wie deine Mutter früher hieß, und so weiter. Von Oma und Opa weißt du das vielleicht auch noch. Aber weißt du, wer dein Urgroßvater war? Oder dein Ururgroßvater? Oder deine Urururururgroßmutter? Oder wieviele Ururtanten und Ururonkels du eigentlich hast? Wenn du das herauskriegen willst, musst du einen Stammbaum malen. Frag doch mal jemanden, der das schon einmal gemacht hat, wie das geht.

Der Stammbaum der Familie von Ludwig van Beethoven ist sehr groß. Denn seine Vorfahren lassen sich sehr weit zurückverfolgen. Die Familie von Beethovens Vater stammt aus dem Flämischen, dem heutigen Belgien, die von seiner Mutter aus der Moselgegend.

Beginnen wir mit Beethovens Mutter. Sie hieß Maria Magdalena Keverich und wurde in Ehrenbreitstein, gegenüber von Koblenz, geboren. Ihr Vater war Hofkoch in Trier. Mit 16 Jahren hat sie zum ersten Mal geheiratet. Aber nur zwei Jahre später wurde sie schon Witwe. Sie war 19 Jahre alt, als sie den 27-jährigen Hofmusiker Johann van Beethoven heiratete. Leider gibt es kein Porträt von Magdalena van Beethoven, das wirklich echt ist. Nur die Beschreibung von Bäckermeister Fischer, in dessen Haus die Familie van Beethoven ja lange wohnte. Er beschrieb sie so: Frau van Beethoven hatte ein ziemlich langes Gesicht, war blass, mager und hatte ernsthafte Augen. Seine Schwester Cäcilie konnte sich nicht erinnern, Frau van Beethoven jemals lachen gesehen zu haben.

Ludwig liebte seine Mutter sehr. Als er sich mit 17 Jahren auf den Weg machte, bei Mozart in Wien zu lernen, wurde er schon sehr bald von seinem Vater zurückgerufen. Denn seine Mutter war sterbenskrank. Sie starb am 17. Juli 1787. Damals wohnten die Beethovens in der Wenzelgasse. Nach ihrem Tod schrieb Ludwig in einem Brief:

„sie war mir eine so gute liebenswürdige mutter, meine beste freundin; o! wer war glücklicher als ich, da ich noch den süßen namen mutter aussprechen konnte, und er wurde gehört, und wem kann ich ihn jetzt sagen?“

Dies ist der erste Brief Ludwig van Beethovens, der uns erhalten ist. Magdalena van Beethoven wurde auf dem alten Friedhof in Bonn beerdigt. „Sie war mir eine so gute liebenswürdige Mutter, meine beste Freundin” steht auf dem Gedenkstein, der ihr 1970 gesetzt wurde.

Ludwigs Vater, Johann van Beethoven, sang schon mit zwölf Jahren im Chor der Bonner Hofkapelle, damals im Sopran. Außerdem spielte er Geige und natürlich Klavier. Mit 16 Jahren wurde er Berufsmusiker am Hof. Mit 20 Jahren erhielt er von dort ein regelmäßiges Gehalt. Bäckermeister Fischer schrieb uns auf, wie er aussah: Herr van Beethoven war von mittlerer Größe, hatte ein längliches Gesicht, eine breite Stirn, eine runde Nase, breite Schultern, ernsthafte Augen, einige Narben im Gesicht und „ein dünnes Haarzöpfchen als Frisur“. Auch von ihm gibt es leider kein echtes Porträt.

Zu Beginn ihrer Ehe ging es Ludwigs Eltern noch ganz gut. Doch dann starb Magdalena und hinterließ Johann van Beethoven vier unmündige Kinder. Die vielen Sterbefälle, die Krankheiten und der frühe Tod seiner Frau warfen ihn aus der Bahn. Sie machten ihn im Laufe seines weiteren Lebens zu einem unglücklichen und kranken Mann, der immer öfter nur noch Trost im Alkohol fand. Und doch hielt Ludwig bis an sein Lebensende zu seinem Vater. Er bewahrte eine Musikhandschrift von ihm auf. Es war die Abschrift einer Kantate von Carl Philipp Emanuel Bach, einem der vielen Söhne des großen Komponisten Johann Sebastian Bach. Auf dieses Notenblatt schrieb Ludwig später: „von meinem Theuren Vater geschrieben". Dieses Blatt hat danach einmal dem Komponisten Johannes Brahms gehört und der hat es dem Beethoven-Haus geschenkt.

Der Großvater Ludwig van Beethoven

Ludwigs besondere Verehrung galt immer seinem Großvater, der, wie wir wissen, auch Ludwig hieß. Er war außerdem sein Pate. Wohl deshalb hatte Ludwig vom Großvater seinen Vornamen erhalten. 1770 lebte Großvater Ludwig auch in der Bonngasse, im Haus genau gegenüber. Er starb, als Ludwig noch nicht einmal drei Jahre alt war.

Großvater Ludwig stammte aus Mecheln. Das ist ein Städtchen in Flandern, einem Teil des heutigen Belgien. Immer wieder wurde gefragt, ob die Beethovens aus Holland stammten. Denn dort steht – genau wie in Belgien – das Wörtchen „van" ganz oft vor dem Nachnamen. Manche glaubten sogar, die Beethovens wären von adeliger Herkunft, weil sie dachten, dieses „van" hätte die gleiche Bedeutung wie das „von" in der deutschen Sprache. Das ist aber nicht so.

Der Großvater kam 1733 nach Bonn, weil er hier Sänger in der Hofkapelle werden konnte. Im gleichen Jahr heiratete er Ludwigs Großmutter, Maria Josepha Poll. Bonn war zu dieser Zeit Residenzstadt, das heißt Regierungssitz. Es regierte Kurfürst Clemens August. Dieser Clemens August war ein großer Liebhaber der Künste, des Prunks und der Feste. Im Jahr 2000 wird übrigens sein 300. Geburtstag ganz großartig gefeiert werden. Das hätte ihm gefallen.

Viele der schönen, alten Barockbauten in Bonn wurden in seiner Regierungszeit erbaut. Oder er vollendete sie, erweiterte sie oder schmückte und verschönerte sie nach seinem Geschmack. Einige besonders prächtige Beispiele sind das Poppelsdorfer Schloss, die Heilige Stiege an der Kreuzbergkirche, das Rathaus am Markt oder das Brühler Schloss.

Weil Clemens August so gern und so oft große Feste und Bälle veranstaltete, spielte natürlich auch die Hofkapelle, also das Hoforchester, eine wichtige Rolle für ihn. Denn das musste bei jedem größeren Fest aufspielen. Im Museums-Raum 2 hängt ein großes Ölbild von einem Maskenball. Hier siehst du, wie so etwas ausgesehen haben muss. Sieh dir bloß einmal den riesigen Ballsaal an! Und wie verschwenderisch der mit Gold und Bemalungen ausgeschmückt ist. Findest du das Orchester auf dem Bild? Es ist aufgeteilt unter dem rechten und dem linken Balkon. Und kannst du auch den Kurfürsten entdecken? In seiner Nähe steht ein kleiner weißer Hund.

Im Jahre 1761 wurde Kurfürst Max Friedrich Nachfolger von Clemens August. Auch der war ein großer Musikliebhaber. Noch im selben Jahr, in dem er die Regierung übernahm, ernannte er Großvater Ludwig van Beethoven zu seinem Hofkapellmeister. Das war eine große Ehre und auch eine gewaltige Verantwortung, denn er hatte nun alles, was mit dem Hoforchester zu tun hatte, zu organisieren. Aber dieses Amt verschaffte ihm auch ein hohes Ansehen und sogar einen gewissen Reichtum.

Auch Großvater Ludwig hatte einige Jahre im Haus des Bäckermeisters Fischer gewohnt und von dem wissen wir wieder ein paar Einzelheiten über Großvater van Beethoven. *„Er war ein großer, schöner Mann“*, hat Bäckermeister Fischer aufgeschrieben. *„Er hatte ein längliches Gesicht, eine breite Stirn, eine runde Nase, große dicke Augen, dicke rote Wangen und ein sehr ernsthaftes Gesicht.“* Und außerdem: *„Er war ein sehr respektabler Mann in seinem Umgang. Ein herzensguter Mann.“*

Sieh dir doch einmal das Porträt von Großvater van Beethoven an. Der Hofmaler Leopold Radoux hat es 1771 gemalt. Findest du, dass die Beschreibung stimmt? Dieses Bild hat sich Ludwig später sogar nach Wien nachschicken lassen, um es in seiner Wohnung aufzuhängen. Er fand, er habe große Ähnlichkeit mit seinem Großvater gehabt. Aber das kannst du ja selbst vergleichen, wenn du dir später die verschiedenen Beethoven-Porträts ansiehst.

Beethovens erste Musik

Wenn du selber ein Instrument spielst, dann weißt du ja sicher noch, wie deine ersten musikalischen Schritte ausgesehen haben. Bei Ludwig van Beethoven war es so, dass er praktisch von seiner Geburt an mit Musik aufgewachsen ist. Denn sein Vater übte und musizierte oft mit seinen Kollegen von der Hofkapelle in der Wohnung. Deshalb hatte der kleine Ludwig auch sehr früh Musik im Ohr – und in den Fingern. Und sehr früh begann sein Vater, ihn zu unterrichten. Vielleicht schon mit vier Jahren. In dem Widmungsbrief eines seiner ersten gedruckten Werke steht es jedenfalls so. Vielleicht war er aber auch schon fünf Jahre alt. Da wohnten die Beethovens dann schon bei Fischers. Und Gottfried Fischer hat ja später alles über Ludwigs Jugend aufgeschrieben.

Ludwig war noch so klein, dass er auf einem Bänkchen stehen musste, um an die Tasten zu kommen. Vater Johann war sicherlich ein strenger Lehrer. Aber er sah ja, dass sein Sohn Ludwig hochbegabt war. Und dann sind Väter schon mal streng. Mozarts Vater Leopold unterrichtete den kleinen Wolfgang Amadeus auch streng, allerdings wesentlich systematischer. Und trotzdem – die Methoden von Ludwigs Vater hatten Erfolg: Am 26. März 1778, Ludwig war gerade sieben Jahre alt, spielte er bereits in einem öffentlichen Konzert. Auf dem Handzettel kündigte sein stolzer Vater allerdings „sein Söhngen von 6 Jahren“ an. Da hatte er ein wenig geschwindelt. Na ja.

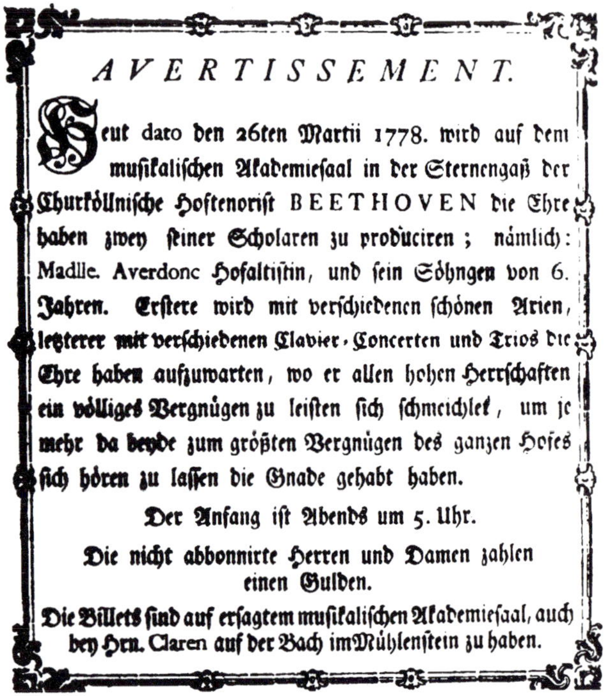

AVERTISSEMENT.

Heut dato den 26ten Martii 1778. wird auf dem musikalischen Akademiesaal in der Sternengaß der Churkölnische Hoftenorist BEETHOVEN die Ehre haben zwey seiner Scholaren zu produciren; nämlich: Madlle. Averdonc Hofaltistin, und sein Söhngen von 6. Jahren. Erstere wird mit verschiedenen schönen Arien, letzterer mit verschiedenen Clavier-Concerten und Trios die Ehre haben aufzuwarten, wo er allen hohen Herrschaften ein völliges Vergnügen zu leisten sich schmeichlet, um je mehr da beyde zum größten Vergnügen des ganzen Hofes sich hören zu lassen die Gnade gehabt haben.

Der Anfang ist Abends um 5. Uhr.

Die nicht abbonnirte Herren und Damen zahlen einen Gulden.

Die Billets sind auf ersagtem musikalischen Akademiesaal, auch bey Hrn. Claren auf der Bach im Mühlenstein zu haben.

Dies war der Handzettel für den ersten Konzertauftritt des kleinen Ludwig.

Jetzt schien der Zeitpunkt gekommen, Ludwig zielbewusster zu unterrichten. Vater Johann schickte Ludwig deshalb zunächst zu dem Hoforganisten Egidius van den Eeden, wo er neben Klavier auch das Orgelspiel erlernen sollte. Er übte Orgel in der Franziskanerkirche, direkt hinter dem

Schloss. Dann auch auf der größeren Orgel in der damaligen Minoritenkirche, der heutigen Remigiuskirche in der Brüdergasse. Der originale Spieltisch dieser Orgel steht heute im Beethoven-Haus. Im Museums-Raum 5.

Ungefähr ein Jahr später kam der Sänger Tobias Pfeiffer nach Bonn, ein ganz ausgezeichneter Pianist und Oboist. Er wurde Untermieter bei der Familie van Beethoven und sollte von nun an Ludwig im Klavierspiel unterrichten. Und das tat er wohl mit äußerster Strenge. Gelegentlich holte er den kleinen Ludwig sogar nachts aus dem Bett, wenn er mit Vater Johann van Beethoven aus dem Wirtshaus kam. Er ließ ihn nachts üben und schlug ihn sogar. Zum Glück für Ludwig verließ Tobias Pfeiffer nach gut einem Jahr Bonn wieder, und es musste ein neuer Lehrer gefunden werden.

Auf dieser Orgel hat Beethoven in der Minoritenkirche gespielt.

Diesmal war es der Geiger Franz Rovantini, der ein Verwandter von Ludwigs Mutter war. Der wohnte ebenfalls im Haus der Beethovens. Bei ihm lernte Ludwig neben Klavier auch Geige und Bratsche. Aber auch Franz Rovantini blieb nicht lange Ludwigs Lehrer. Er starb im September 1781. Da war er erst 24 Jahre alt.

Danach gab Franz Anton Ries, wie Johann van Beethoven ein Mitglied des Hoforchesters, Ludwig Geigenunterricht. Ein Porträt von Franz Anton Ries kannst du dir im Museums-Raum 5 ansehen. Was für eigenartige Wege das Leben manchmal geht: 20 Jahre später nämlich, in Wien, da wurde Ferdinand Ries, der Sohn von Franz Anton Ries, Beethovens Schüler.

Ludwig war inzwischen zehn Jahre alt geworden und konnte bereits vier Instrumente spielen: Klavier, Orgel, Geige und Bratsche. Dabei hatte er nur sehr unregelmäßigen Unterricht bekommen, bei vielen, sehr unterschiedlichen Lehrern.

Im Jahr 1779 kam Christian Gottlob Neefe nach Bonn, um die Aufgaben eines Musikdirektors des Nationaltheaters – so hieß zu dieser Zeit das Bonner Theater – zu übernehmen. Er wurde der letzte Bonner Lehrer des kleinen Ludwig und wohl auch der wichtigste. Christian Gottlob Neefe war ein hochgebildeter und belesener Mann. Er beließ es nicht nur bei Klavier- und Orgelunterricht, sondern machte Ludwig auch mit Themen der Literatur und später der Philosophie bekannt. Bei ihm verfeinerte Ludwig sein Orgelspiel derart, dass der Lehrer seinen damals gerade einmal elfjährigen Schüler guten Gewissens als seinen Vertreter bestimmen konnte. So vertrat Ludwig mit elf Jahren seinen Lehrer bei den Gottesdiensten in der Hofkirche an der Orgel, und er begleitete die Sänger des Hoftheaters bei Proben und Aufführungen auf dem Klavier oder Cembalo.

Beethovens wichtigster Lehrer in Bonn war Christian Gottlob Neefe.

Immer nur Musikstücke von anderen nachzuspielen, genügte Ludwig bald nicht mehr. Er hatte eigene Melodien im Kopf. Und er versuchte sie auf den Tasten seines Klaviers oder auf seiner Geige zu finden. Sein Vater Johann mochte das nicht leiden. „Was kratzt du da nun wieder dummes Zeug durcheinander?“, sagte er dann. Ludwigs Lehrer Neefe aber, der ja selbst komponierte, hatte viel Verständnis dafür. Fortan führte er Ludwig in die Grundregeln des Komponierens ein. Dazu machte er Ludwig mit den Werken von Johann Sebastian Bach bekannt. Vor allem mit dem Wohltemperierten Klavier, also den Präludien und Fugen durch alle Tonarten. Hast du davon schon einmal gehört?

Weil Neefe gute Beziehungen zu Verlegern hatte, erschien 1782 das erste gedruckte Werk seines elfjährigen Schülers Ludwig. Ob man sich da vertan hat oder ob man wieder ein bisschen mogeln wollte, damit es sich besser anhört, wissen wir nicht. Im Druck stand jedenfalls, Ludwig sei erst zehn Jahre alt.

Ist ja auch egal. Es sind jedenfalls neun Variationen für Klavier. Und zwar über einen

Marsch des Opernsängers und Liederkomponisten Ernst Christoph Dressler. Neefe hat diesen Marsch bestimmt ausgesucht, damit Ludwig daran die Kunst des Variierens, also des Veränderns üben sollte. Das hat Ludwig perfekt hingekriegt. Und das ging so: Dressler hat die Melodie und dazu eine Begleitung in der linken Klavierhand im Marschrhythmus komponiert. Daraus hat Ludwig manchmal eine glatte Begleitung aus gleichmäßigen Achtelnoten gemacht, manchmal eine sehr bewegte, schnelle Begleitstimme. Auch die von der rechten Klavierhand gespielte Melodie hat er manchmal verändert, oder sie mit ganz schnellen Tonfolgen ausgeziert. Aber trotz all dieser Veränderungen und Verzierungen blieb der ursprüngliche Marsch immer zu erkennen. Und das war das Tolle daran.

Christian Gottlob Neefe war mächtig stolz auf seinen Schüler. Ein Jahr später, 1783, hat er in einer Musikzeitschrift, die Cramers „Magazin der Musik“ hieß, über Ludwig berichtet:

„Ludwig van Beethoven, ein Knabe von 11 Jahren (!!) und von vielversprechendem Talent. Er spielt sehr fertig und mit Kraft das Klavier, liest sehr gut vom Blatt. Herr Neefe hat ihm auch, sofern es seine übrigen Geschäfte erlaubten, einige Anleitungen zum Generalbaß gegeben. Jetzt übt er ihn in der Composition, und zu seiner Ermunterung hat er 9 Variationen von ihm fürs Clavier über einen Marsch in Mannheim stechen lassen. Dieses junge Genie verdiente Unterstützung, daß er reisen könnte. Er würde gewiß ein zweiter Wolfgang Amadeus Mozart werden, wenn er so fortschritte, wie er angefangen.“

Noch im gleichen Jahr sorgte Christian Gottlob Neefe dafür, dass noch andere, größere Klavierwerke seines jungen Schülers gedruckt wurden. Diesmal waren es drei Sonaten. Eine Sonate ist eine Komposition, die aus drei oder vier einzelnen Stücken oder Sätzen besteht. Die einzelnen Sätze haben aber alle einen unterschiedlichen Charakter und ein unterschiedliches Tempo. Sicherlich war es auch Neefe, der Ludwig dazu anregte, diese Sonaten seinem Dienstherrn, nämlich dem Kurfürsten Max Friedrich zu widmen. Deshalb heißen sie heute auch „Kurfürstensonaten“.

Dass Ludwig erst einmal für das Klavier komponieren sollte, war klar. Mit diesem Instrument war er schließlich am besten vertraut. Sein Lehrer Neefe ging mit ihm die grundlegenden musikalischen Formen durch: die Variation, die Sonate und das Konzert. Ludwig schrieb sein erstes Konzert mit 13 Jahren. Ein Konzert, in dem das Klavier der Solist ist und von einem Orchester begleitet wird. Und in dem der Pianist sein ganzes Können zeigen soll. Gut möglich, dass Ludwig dieses Konzert in Bonn auch selbst gespielt hat. Man kann an diesem Werk erkennen, wie erstaunlich weit Ludwig auch als Klavierspieler schon war. Um das so hinzukriegen, wie Ludwig es gemeint hat, müssten die meisten 13-jährigen Klavierschüler heute noch sehr sehr viel üben.

Auch in der Komposition von Liedern übte Neefe seinen Schüler Ludwig. Bei dem gleichen Verleger, der auch die Klaviervariationen veröffentlicht hatte, erschienen in einer „Musikalischen Wochenschrift" Beethovens erste Lieder: „Schilderung eines Mädchens", das er mit zwölf Jahren geschrieben hat, und „An einen Säugling", da war er 13 Jahre alt. Vielleicht hatten ihn die Titel gereizt, vielleicht hatte sein Lehrer auch gedacht, dies seien Themen, die einen Jungen interessieren könnten. Es sind jedenfalls Ludwigs Erstlingswerke. Und das merkt man ihnen auch an, weil sie noch sehr schlicht und einfach komponiert sind.

Lieder hat er dann auch zunächst gar nicht mehr komponiert. Wohl hat er sich noch in Bonn, also vor 1792, Gedanken und Notizen zu einigen Liedern gemacht, die er aber erst Jahre später ausgearbeitet hat. Und da konnte er das schon bedeutend besser als bei seinen ersten beiden Gesangsstücken. Zwei davon sind besonders hübsch und lustig. Die solltest du dir ruhig mal anhören. Das eine ist das Flohlied auf einen Text aus Goethes Faust. Der teuflische Mephistopheles singt da von einem Floh, der wie ein Königskind behandelt, in Samt und Seide gekleidet wird und dann natürlich alle Mitglieder des Hofes sticht und zwickt. Dabei kann man in der Klavierbegleitung richtig hören, wie der Floh zwickt.

Das andere Lied ist „Urians Reise um die Welt", auf ein Gedicht von Matthias Claudius. Das ist der Dichter, der auch „Der Mond ist aufgegangen" geschrieben hat. Der Text des Liedes ist sehr witzig. Er handelt von Eskimos in Grönland, von einem Mogul, der Zahnschmerzen hat, und davon, dass die Menschen eigentlich überall auf der Welt Narren, also nicht ganz gescheit sind. Beethovens Musik dazu ist sehr farbig und in ständigem Wechsel zwischen den „ernsthaften" Erzählungen des Urian und dem immer wiederkehrenden, fröhlich aufmunternden Refrain der Zuhörer: „Da hat er gar nicht übel dran getan; verzähl er doch weiter, Herr Urian!" Sing es doch einmal mit. Es ist wirklich lustig. Es steht auf Seite 66.

Das mit dem Komponieren von Liedern war schön und gut. Und dass Stücke von Ludwig van Beethoven auch schon gedruckt waren, war auch schön. Nur Geld konnte er damit noch nicht verdienen. Aber eben das wurde langsam notwendig, weil sich die wirtschaftlichen Verhältnisse seines Vaters mehr und mehr verschlechterten. Eigentlich war es damals sogar üblich, dass die Kinder so bald wie möglich mitverdienten. Da war die Familie van Beethoven keine Ausnahme.

So schrieb Ludwig im Februar 1784, also mit 13 Jahren, einen Brief an den Kurfürsten Max Friedrich. Er machte darauf aufmerksam, dass er den Hoforganisten Neefe schon oft vertreten hätte und dies auch weiterhin tue. Und er bat darum, nun auch entsprechend dafür bezahlt zu werden. Der Kurfürst entsprach seiner Bitte. Von da an bekam Ludwig ein Gehalt. Er war also tatsächlich bereits mit 13 Jahren Berufsmusiker. Angestellt am Kurkölnischen Hof.

Hier begleitete Ludwig viele Opern und Orchesterwerke von damals bekannten und beliebten Komponisten am Klavier oder Cembalo. Später wurde er auch noch als Bratscher im Orchester eingesetzt. Er spielte das Instrument, das du in der Vitrine im Museums-Raum 3 sehen kannst. Kurfürst Maximilian Franz, der nach dem Tod von Max Friedrich regierte, hatte eine besondere Liebe zu der Musik von Wolfgang Amadeus Mozart. Oft wurden dessen Opern am Hof aufgeführt. Aber natürlich wurden auch Orchesterwerke und Kammermusik von anderen berühmten Komponisten gespielt.

Auf dieser Bratsche spielte Beethoven mit 15 Jahren im Bonner Hoforchester.

In dem Raum, wo die Bratsche liegt, kannst du in sieben Schattenrissen einige Komponisten sehen, die in Ludwig van Beethovens Jugend berühmt waren. Du siehst Wolfgang Amadeus Mozart, Christian Gottlob Neefe, Ignaz Pleyel, Leopold Anton Kozeluch, Franz Anton Rosetti, Christian Friedrich Daniel Schubart und Johann Baptist Vanhal. Der

Um Beethoven herum von rechts oben im Uhrzeigersinn: Mozart, Neefe, Schubart, Rosetti, Vanhal, Pleyel und Kozeluch.

Musikverleger Heinrich Philipp Bossler, der auch ein paar von Ludwig van Beethovens ersten Werken veröffentlicht hat, ließ diese Schattenrisse berühmter Tonsetzer drucken.

Viele dieser Komponisten kennt heute kaum noch einer, weil ihre Musik nicht mehr gespielt wird. Außer Mozart und Neefe, den du als Ludwig van Beethovens Lehrer kennen gelernt hast, wirst du wohl auch keinen kennen. Vielleicht noch Ignaz Pleyel, falls du schon mal im Klavierunterricht etwas von ihm gespielt hast.

Das Orchester, in dem Ludwig van Beethoven spielte, hatte ungefähr 14 Streicher: 8 Geiger, 2 Bratscher, 2 Cellisten und 1 oder zwei Kontrabassisten; dazu 10 Bläser: 2 Flöten, 2 Oboen, 2 Hörner, 2 Fagotte und 2 Trompeten. Und Pauken gab es natürlich. Das Orchester spielte im Schloss, es spielte in der Kirche, und es spielte bei Theateraufführungen. Und selbstverständlich wurde es vom Kurfürsten bei Festen und Bällen im Schloss gebraucht. Es spielte zum Essen, aber auch zum Tanz. Da war doch das große Bild im Museums-Raum 2, das mit dem Maskenball. Erinnerst du dich? Zu Karneval gab es oft solche großen Feste am Hof. Maskeraden hießen die damals. Und meistens standen sie unter einem bestimmten Motto. Genau wie unsere heutigen Karnevalszüge. 1791 hieß das Motto zum Beispiel „Das Leben der Rittersleute“ oder so ähnlich.

Zu dieser Gelegenheit schrieb der junge Ludwig van Beethoven einige Musikstücke, die unter dem Titel „Musik zu einem Ritterballett” bekannt wurden. Graf Ferdinand Waldstein, von dem du später noch etwas hören wirst, hatte sich die Handlung dazu ausgedacht. Die Tänze wurden aber nicht auf einer Bühne aufgeführt, sondern die Festgesellschaft tanzte sie selber. Die Musik hierzu besteht aus acht unterschiedlichen Stücken: Marsch, Deutscher Gesang, Jagdlied, Minnelied, Kriegslied, Trinklied, Deutscher Tanz und Coda, das bedeutet Schlussstück. Der Deutsche Gesang wird dabei wie ein Refrain immer wieder zwischen die anderen Stücke geschoben. Damit man auch lange genug tanzen konnte, wurden die einzelnen Tanzstücke einfach ein paar mal hintereinander gespielt.

Beethovens „Musik zu einem Ritterballett“ war also im Grunde Unterhaltungsmusik. Wenn es geht, hör sie dir doch einmal an und vergleiche sie dann mit einem Symphonien-Satz von Ludwig van Beethoven. Gibt es da für dein Ohr einen Unterschied? Der Unterschied zwischen unserer heutigen Unterhaltungsmusik, also Schlager-, Rock- oder Pop-Musik, und der sogenannten „klassischen Musik“ ist jedenfalls wesentlich größer.

Am 15. Januar 1777 brannte das Bonner Schloss. Drei Uhr nachts war es, da wurden die Bonner von ohrenbetäubendem Lärm aus dem Schlaf gerissen. Die Pulverkammer des Schlosses war explodiert. Ein riesiges Feuermeer hatte das Gebäude erfasst. Trommler und die Glocken der Schlosskirche schlugen Alarm. Alles, was Beine hatte, rannte und wollte helfen. Wollte löschen. Wollte das Schloss retten. Ein unglaubliches Gewusel an Leuten. Männer, Frauen und sogar Kinder kamen mit Eimern, um gegen die haushohen Flammen zu kämpfen. Eine Feuerwehr gab es ja damals noch nicht. Doch hilflos mussten die Menschen ansehen, wie ihr Schloss niederbrannte. Um sechs Uhr morgens wollte die Glockenmusik vom Kirchturm der Franziskanerkirche in der Bischofsgasse noch einmal erklingen. So wie sie es jeden Tag tat. Doch das Feuer hatte

den Kirchturm längst erfasst. Schon nach wenigen Klängen stürzte der Turm in sich zusammen. Es war, als hätten die Glocken gerade noch einmal zum Abschied grüßen wollen.

Noch am Abend des 15. Januar wütete das Flammenmeer über dem Schloss. Es dauerte Tage, bis das Feuer endgültig gelöscht war. Die Familie van Beethoven wohnte damals in der nahegelegenen Neugasse. Und sie war in dieser Nacht mit Sicherheit auch unter den Helfern.

Einer der Hofräte im Schloss war Emanuel von Breuning. Als das Gebäude schon lichterloh brannte, wollte er trotz der großen Gefahr noch wichtige Akten retten. Doch eine Gewölbedecke stürzte über ihm und den Männern, die ihn begleiteten, zusammen. Er wurde dabei so schwer verletzt, dass er bald darauf in seinem Haus am Münsterplatz im Alter von 36 Jahren starb. Er hinterließ seine schwangere Frau Helene und drei Kinder. Wir erzählen dir das, weil diese Menschen in Beethovens späterem Leben eine wichtige Rolle spielen sollten.

Einige Jahre später nämlich suchte die Hofrätin Helene von Breuning einen Musiklehrer für ihre Tochter Eleonore und ihren jüngsten Sohn Lorenz. Der Medizin-

Hier bist du zu Besuch bei der Familie Breuning: Links sitzt die Hofrätin. Daneben stehen ihre Kinder Eleonore, Christoph und Lorenz, und hinter Onkel Lorenz, dem Kanonikus, steht noch Stephan.

student Franz Gerhard Wegeler empfahl ihr den jungen Hoforganisten Ludwig van Beethoven. Gerhard Wegeler kommt dir, wenn du aus Bonn bist, bekannt vor? Eine Bonner Straße ist nach ihm benannt. Aus diesem Medizinstudenten wurde nämlich später ein bedeutender Bonner Medizinprofessor. Durch ihn wurde Ludwig van Beethoven also mit der Familie von Breuning bekannt. Es blieb nicht dabei, dass er Eleonore und dem kleinen Lorenz Musikunterricht gab. Er freundete sich mit Christoph an, der fast so alt war wie er, und mit Stephan, der vier Jahre jünger war als er. Ludwig verbrachte viel Zeit im Hause der Breunings. Manchmal blieb er über Nacht dort, manchmal machte er Ausflüge mit und ähnliches. Er wurde bei den Breunings so etwas wie ein Familienmitglied.

Die von Breunings waren eine reiche und gebildete Familie. Der Bruder von Helene von Breuning – er hieß Abraham Kerich – war Kanonikus, das ist jemand, der ein sehr hohes Amt in der Kirche bekleidet. Er bewohnte das Kanonikalhaus am Münsterplatz. Das war dort, wo heute der Kaufhof steht. In diesem Haus hat auch Emanuel von Breuning, der Hofrat, mit seiner Familie gewohnt.

Der Bruder von Hofrat Emanuel von Breuning, Lorenz von Breuning, war auch Kanonikus. Er wohnte in dem Kanonikalhaus im sogenannten Klein-Höfgen, das heißt heute Am Hof Nr. 7. Also nicht weit vom Münsterplatz. Nachdem Emanuel von Breuning bei dem großen Feuer umgekommen war, übernahm sein Bruder Lorenz die Vormundschaft und die Erziehung von dessen vier Kindern. Ganz selbstverständlich auch die des jungen Ludwig van Beethoven. Denn der gehörte bald dazu.

So bewegte sich Ludwig van Beethoven in einem Umfeld, das ihm nun auch Zugang zu literarischen Werken von Dichtern wie Goethe, Schiller oder Shakespeare und Homer verschaffte. Kennst du einige von ihnen?

Ludwig gelangte dadurch auch in einen Kreis junger, geistig interessierter Menschen, die fest daran glaubten, freie Bürger zu sein und nicht nur Untertanen von Königen und Fürsten. Dass alle Menschen gleich sind und brüderlich miteinander umgehen sollen. Ihr Kurfürst Max Franz unterstützte diese „aufklärerische“ Haltung sogar, weil ihm eine gute Bildung „seiner Bürger“ wichtig war. Die Bonner Akademie, eine Lehranstalt, die sich damals in den Räumen des alten Jesuitengymnasiums in der Bonngasse befand, erhob er im Jahre 1786 in den Rang einer Universität. Viele berühmte Professoren lehrten dort. Auch Ludwig van Beethoven schrieb sich 1789 als Student ein. Wenn auch nur für kurze Zeit.

Am Markt, ungefähr dort, wo heute das Kaufhaus Blömer steht, war damals ein Gasthaus, das „Zehrgarten“ hieß und zu dem noch eine kleine Buchhandlung gehörte. Dort war der Treffpunkt der Studenten. Auch Ludwig van Beethoven war hier oft und gern. Es wurde über Politik und Religion diskutiert, also über Gott und die Welt. Genau wie heute. Viele Gäste im „Zehrgarten” waren auch Mitglieder der neu gegründeten Lesegesellschaft. Also wurden auch Zeitschriften und neu erschienene Bücher gelesen und natürlich sofort diskutiert. Ein sehr munterer Haufen sehr gescheiter Leute traf sich dort. Geführt wurde der „Zehrgarten” von der Witwe Anna Maria Koch. Ihre Tochter Babette und Eleonore von Breuning waren Freundinnen und gehörten zum „harten Kern“ dieser Gruppe. Auch Christoph von Breuning und der Medizinstudent Franz Gerhard Wegeler waren dabei. Oder die Zwillingsbrüder Karl Ferdinand und Gerhard von Kügelgen, die beide später berühmte Maler wurden. Sieh dir ihre Porträts im Museum einmal an. Es würden zu viele Namen, wenn wir hier jetzt alle aufzählen wollten. Nur einen, einen Prominenten wollen wir noch erwähnen: Graf Waldstein, von dem schon die Rede war. Er kam nämlich auch immer gern dorthin. Weil er sich da wohl fühlte und weil er gern unter Leuten war. Der Graf war offenbar auch ein ganz guter Pianist, und ab und zu komponierte er auch selber ein bisschen. Er wurde später einer der wichtigsten Förderer des jungen Ludwig van Beethoven. Zum Beispiel hatte er erreicht, dass der Kurfürst Ludwig 1792 beurlaubte, damit er in Wien studieren konnte.

Als Ludwig van Beethoven in diesem Jahr 1792 endgültig nach Wien aufbrach, überreichte ihm Babette Koch eine Art Poesiealbum, in dem ihm alle seine Bonner Freunde Gedichte, Wünsche, Bilder und Scherenschnitte zur Erinnerung mit auf den Weg gaben. Die letzte Eintragung machte Graf Waldstein. Sie endete mit dem Wunsch, Ludwig möge in Wien „Mozarts Geist aus Haydns Händen“ erhalten.

Stadtplan-Spiel

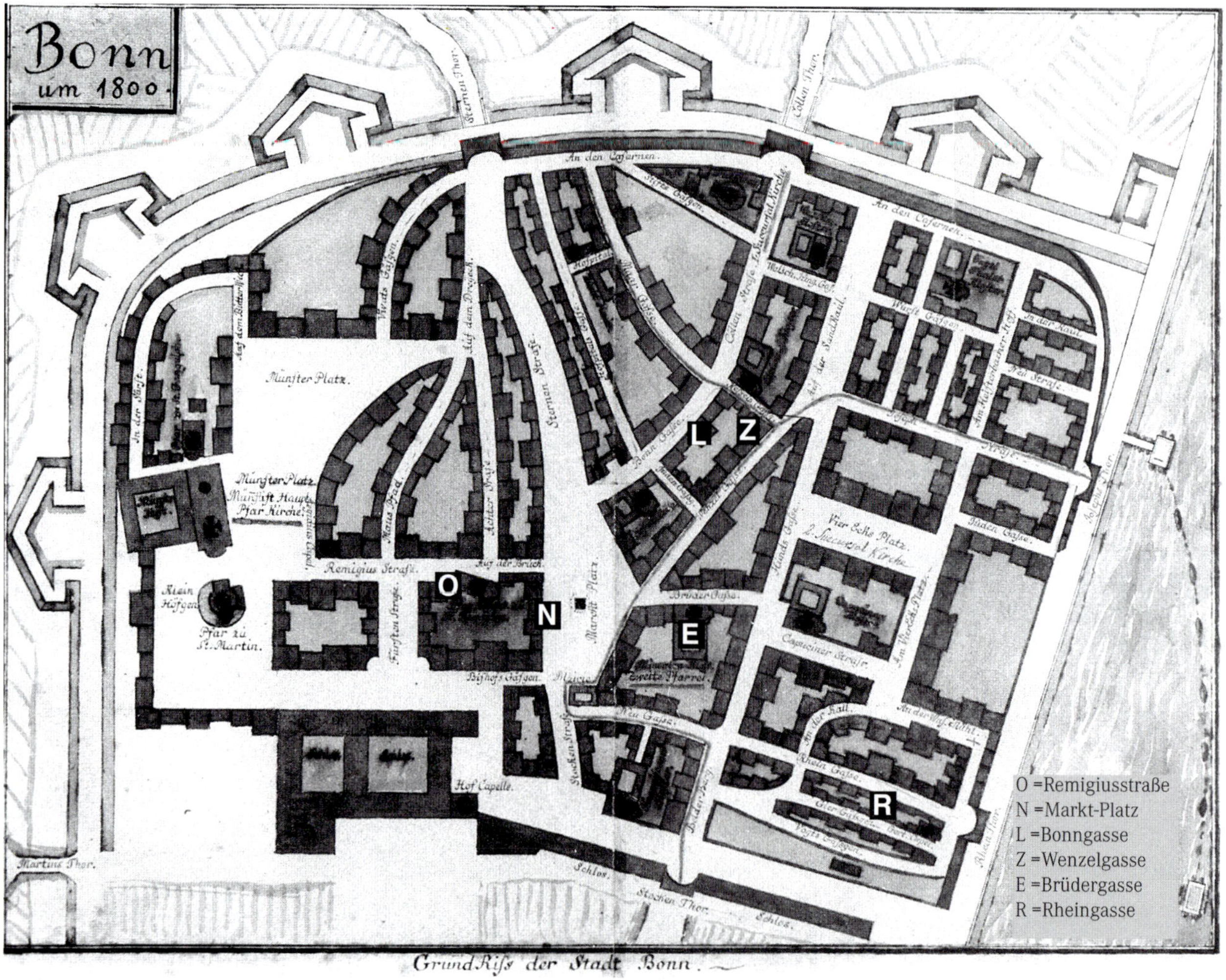

Auf diesem Stadtplan findest du sechs Orte, die mit einem Buchstaben gekennzeichnet sind. Ordne die Buchstaben den nachfolgenden Fragen zu. Als Lösungswort erhältst du den Vornamen eines Jungen, bei dessen Familie Beethoven in seiner Jugend wie ein weiteres Kind aufgenommen wurde.

☐ Welches ist das Haus, in dem Beethoven geboren wurde?

☐ Welches ist die Taufkirche Beethovens?

☐ Von welchem Haus, in dem die Beethovens wohnten, hieß der Hausbesitzer Fischer?

☐ Aus welcher Kirche stammt der Orgelspieltisch, der im Beethoven-Haus zu sehen ist?

☐ Wo lag das Gasthaus, das von Frau Koch geführt wurde und Treffpunkt der Studenten war?

☐ Wo wohnte die Familie Beethoven, als Beethovens Mutter starb?

Wien war damals eines der musikalischen Zentren Europas. Hier lebten und arbeiteten Haydn und Mozart. Die Musik dieser beiden hatte Ludwig van Beethoven in Bonn schon kennen gelernt. Denn sie wurde oft am Hof gespielt. Erinnerst du dich an das, was Ludwigs Lehrer Neefe über seinen zwölfjährigen Schüler hatte drucken lassen? *„Dieses junge Genie verdiente Unterstützung, daß er reisen könnte. Er würde gewiß ein zweiter Wolfgang Amadeus Mozart, wenn er so fortschritte, wie er angefangen.“* Nun war es also tatsächlich so gekommen.

Wir haben schon erzählt, dass Ludwig van Beethoven bereits im Frühjahr 1787 einmal nach Wien gereist war. Das war eine lange Reise, denn Eisenbahnen gab es noch nicht. Angeblich hat Beethoven in Wien dann Mozart aufgesucht und ihm vorgespielt. „Auf den gebt acht“, soll Mozart zu Freunden gesagt haben, „der wird einmal in der Welt von sich reden machen.“ Aber ob das wirklich stimmt? Eigentlich wissen wir nämlich überhaupt nichts über diese Begegnung. Und dass Beethoven wirklich Unterricht von Mozart bekommen hat, ist eher unwahrscheinlich. Denn er wurde schon ziemlich bald von seinem Vater nach Bonn zurückgerufen, weil seine Mutter im Sterben lag. Das weißt du ja schon.

In der Bonner Hofkapelle spielte ein Musiker namens Johann Peter Salomon Geige. Sein Bild hängt im Museums-Raum 5. Als er noch Kind war, wohnte er übrigens auch in der Bonngasse. Und sogar im Vorderhaus des Beethoven-Hauses. Seltsamer Zufall, nicht wahr? Dieser Geiger Salomon jedenfalls lebte später in London und war dort Konzertveranstalter. 1790 holte er Joseph Haydn nach London. Auf dem Weg von Wien nach London machten die beiden einen Abstecher nach Bonn. Hier war Haydn dann auch Gast bei der Lesegesellschaft und trug sich sogar in das Gästebuch ein.

Haydn blieb bis Juli 1792 in London. Auch auf seinem Rückweg nach Wien kam er wieder in Bonn vorbei. Bei diesem Besuch wurde ihm dann Ludwig van Beethoven vorgestellt. Und Ludwig wollte nun unbedingt Unterricht bei Haydn nehmen, um wenigstens den „Geist“ Mozarts, also Mozarts musikalische Welt, „aus Haydns Händen“ zu erhalten. Dass Ludwig noch ein zweites Mal nach Wien reisen konnte, dafür hatte mit Sicherheit Graf Waldstein gesorgt.

Im November 1792 also brach Ludwig van Beethoven ein zweites Mal auf nach Wien. Dort blieb er bis an sein Lebensende, obwohl er eigentlich immer an den Rhein zurückkehren wollte. Aber weil die Franzosen das

Rheinland besetzt hatten und der kurfürstliche Hof aufgelöst war, blieb er in Wien. Was sollte er auch noch in Bonn, wo doch das musikalische Herz Europas in Wien schlug?

In Wien angekommen, gab es nicht erst einmal große Ferien oder so etwas. Im Gegenteil: Ziemlich bald fing der Unterricht bei Haydn an. Haydn soll gesagt haben, er werde Beethoven „große Opern aufgeben, und bald aufhören müssen zu komponieren“. So war es aber nicht. In Wirklichkeit legte Haydn zunächst einmal äußersten Wert auf die Lehre des sogenannten „strengen Satzes“. Das klingt nicht nur sehr streng. Das war es wirklich!

Der „strenge Satz“, das waren ganz feste Regeln, die zu befolgen waren, wenn man Musik für mehrere Stimmen schrieb. Dabei war es egal, ob diese Stimmen gesungen oder auf Instrumenten gespielt wurden. Ob nun ein einzelnes Klavier oder ein Streichquartett sie spielte, die Regeln waren immer die gleichen. Bestimmte Zusammenklänge von zwei oder mehr Tönen waren in der damaligen Musik eben nicht erlaubt, weil die Hörer solche Klänge als nicht wohlklingend empfanden.

J. G. Albrechtsberger unterrichtete Beethoven im „strengen Satz“.

Es gab zum Beispiel ein Intervall, also einen Abstand zwischen zwei Tönen, das einfach nicht geschrieben werden durfte. Das sogar als „Teufel der Musik“ bezeichnet wurde. „Tritonus“ heißt dieses Intervall. Das sind zum Beispiel die Töne c-fis. Spiel doch einmal einen solchen Tritonus. Bestimmt findest du ihn heute gar nicht mehr so „teuflisch“.

Was man durfte und was nicht, das war in den „Kontrapunkt-Regeln“ genau festgelegt. Sie sind so etwas wie eine „musikalische Grammatik“ oder ein „musikalisches Einmaleins“. Die musste man beherrschen, wenn man „Note gegen Note“, lateinisch heißt das „punctus contra punctum“, also mehrstimmig komponieren wollte.

Hunderte solcher Kontrapunkt-Übungen musste Beethoven bei Haydn machen. Die hat Haydn aber gar nicht alle durchgesehen und korrigiert, weil er selbst so viel zu tun hatte. Damit war Beethoven nicht zufrieden. Darum nahm er sich hinter Haydns Rücken noch zusätzlich einen anderen Lehrer, den Klavierlehrer und Komponisten Johann Baptist Schenk. Aber auch dieser heimliche Unterricht brachte Beethoven nicht sehr viel weiter. Als Haydn im Januar 1794 wieder nach London reiste, sollte der Kapellmeister des Wiener Stephansdoms, Johann Georg Albrechtsberger, die Ausbildung des Schülers Ludwig van Beethoven weiterführen. Sozusagen in Vertretung. Das machte Albrechtsberger für ungefähr ein Jahr. In dieser Zeit erlernte Ludwig van Beethoven nun wirklich gründlich und systematisch die Grundlagen der Kompositionslehre.

An diesen eisernen musikalischen Regeln des strengen Satzes, den Beethoven bei Haydn, bei Schenk oder bei Albrechtsberger erlernt hatte, gab es eigentlich nichts zu rütteln. Und doch löste Beethoven sie später in seinen Kompositionen oft auf. Erst dadurch ergaben sich für ihn neue Freiheiten in seinen Werken und neue Wege für musikalische Entwicklungen.

Noch einen weiteren Lehrer hatte Beethoven in seinen ersten Wiener Jahren: Antonio Salieri. Du kennst ihn vielleicht, aber in einem anderen Zusammenhang. Er soll nämlich Mozart vergiftet haben. Was aber gar nicht stimmt. Auch wenn das in dem Film „Amadeus" wieder behauptet wurde. Salieri war damals ein berühmter Komponist, der sehr viele Opern geschrieben hat. Bei ihm wollte Beethoven vor allem etwas über die Komposition von Gesangsstücken lernen. Er wollte überhaupt alles lernen. Dauernd war er auf der Suche nach neuen Lehrern, nach neuem Wissen für seine Musik. Ehrgeizig und zielstrebig arbeitete er daran. Auch wenn er schon als Schüler wohl ziemlich eigensinnig war.

„Mozarts Geist aus Haydns Händen", hatte Graf Waldstein Beethoven als Wunsch mit auf den Weg nach Wien gegeben. Mozart wurde nicht mehr Beethovens Lehrer, weil er zu früh gestorben war. Mit Haydn war Beethoven eigentlich nicht zufrieden. Und dennoch hatten beide Komponisten großen Einfluss auf Beethovens weiteres Schaffen. Um die beiden noch besser studieren zu können, schrieb Beethoven sogar einige ihrer Werke ab. In manchen von Beethovens ersten eigenen Streichquartetten kann man das noch ganz gut hören. Seine späteren Streichquartette wiederum haben ihrerseits viele Komponisten, die später für diese Besetzung geschrieben haben, beeinflusst.

Beethovens „Autographe”

Beethoven hat unermüdlich geschrieben. Nicht nur die Musikwerke, die wir von ihm kennen. Zu den meisten seiner Werke hat er Vorstudien gemacht. Sogenannte „Skizzen“, so wie es auch ein Maler tut. Und er hat sehr viele Briefe geschrieben. Es gibt eine Menge Geschäftsbriefe von ihm. Zum Beispiel an seine Verleger, an Konzertveranstalter und an andere Musiker. Und natürlich auch an Freunde oder gute Bekannte. Selbst wenn es um kleine Mitteilungen am gleichen Ort ging, musste er kurze Zettel schreiben. So etwas wie Telefon oder e-mail gab es damals ja noch nicht.

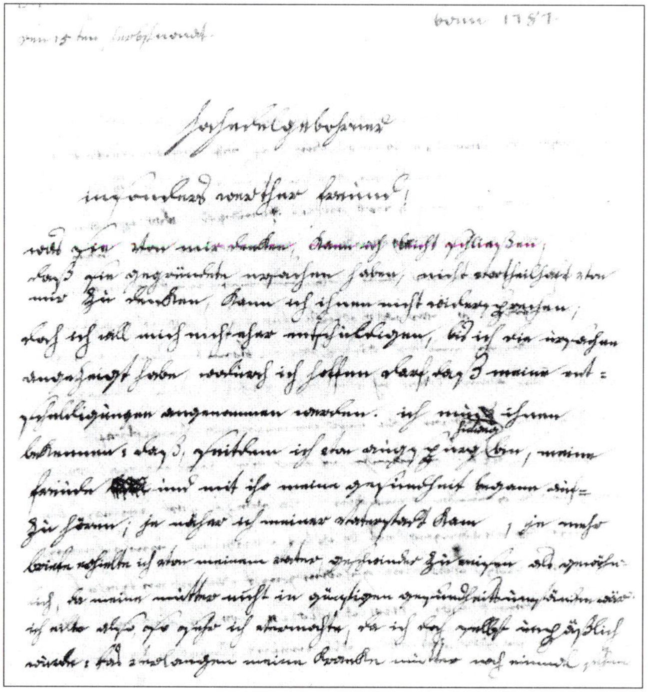

Dies ist der früheste Brief, der uns von Beethoven erhalten ist. Beethoven schrieb ihn mit 16 Jahren.

Weil Ludwig van Beethoven mit 30 Jahren schon ein ziemlich berühmter Künstler war, haben viele, denen er geschrieben hat, die Briefe aufgehoben. Zum Glück für uns. Denn dadurch sind heute noch fast 2000 Briefe von Beethoven erhalten. Wahrscheinlich hat er in seinem Leben sogar über 3000 Briefe geschrieben. Aber heute weiß leider keiner mehr, wo die alle geblieben sind. Immerhin liegen 750 originale Beethoven-Briefe im Tresor des Beethoven-Hauses.

Aber egal was er aufgeschrieben hat, es wurde später alles, auch die kleinste Notiz, zu einem begehrten Souvenir. Beethoven war ein sehr gewissenhafter Arbeiter. Bevor er ein Musikstück endgültig aufschrieb, machte er sich viele musikalische Notizen. Eben diese „Skizzen“, die wir schon erwähnt haben. Wer eines dieser Blätter erwischen konnte, nahm es sich natürlich mit. Als Andenken an den grossen Meister. Manchmal auch nur die Hälfte oder ein Viertel eines solchen Blattes. Und bevor man überhaupt ahnte, wie viel man aus diesen Skizzen ablesen kann – die Entstehungsgeschichte seiner Werke, seine Kompositionspläne, seine Art zu arbeiten und so weiter –, da waren sie schon über die ganze Welt verstreut. Heute ist es eine riesige Such- und Puzzlearbeit, die Stücke wieder zusammenzufügen.

Das Wertvollste aber sind die Manuskripte der endgültigen Fassungen der Werke Beethovens. Also die von ihm eigenhändig geschriebenen Handschriften. Man nennt so etwas „Autograph". Das ist griechisch und heißt genau das: „selbst-geschrieben". Von den über 500 Werken, die Beethoven in seinem Leben komponiert hat, sind leider viele Autographe verschwunden. Immerhin aber gibt es noch ungefähr von 100 seiner Werke eine eigenhändig geschriebene Fassung. Das Beethoven-Haus besitzt Autographe von über 30 Werken. Sogar die von so berühmten Werken wie der Pastoral-Symphonie und der Mondschein-Sonate sind dabei. Sie sind aufbewahrt in einem sicheren Tresor im Keller des Hauses Bonngasse 24-26.

Auch Beethovens eigene Handschrift der Mondschein-Sonate liegt im Tresor des Beethoven-Hauses.

Beethovens Instrumente

Ludwig van Beethoven ist uns in erster Linie natürlich als großer Komponist bekannt. Aber bevor er das wurde, war er zunächst einmal ein berühmter Pianist. Das war sozusagen das Handwerk, das er so gründlich und mit so viel Talent erlernt hat. Und das machte ja überhaupt erst möglich, dass er uns seine eigenen Ideen, seine eigenen Melodien hinterlassen konnte. Ein Maler kann noch so viele Bilder in seiner Phantasie haben, wir würden sie nie sehen können, wenn er nicht wüsste, wie er seinen Pinsel halten muss.

Betrachten wir nun doch einmal die Instrumente, die Beethoven so vorzüglich spielte. Die Tasteninstrumente spielten dabei natürlich zunächst die größte Rolle. Und die haben sich während Beethovens Lebenszeit – 1770 bis 1827 – rasend schnell weiterentwickelt. Danach eigentlich kaum noch. Zu Hause hat sein Vater noch auf einem Clavichord gespielt. Dieses Instrument hatte meist nur vier Oktaven, also 48 Tasten. Einige Tasten mehr als das Clavichord hatte das Cembalo. Es klang auch viel voller, weil man darauf mehrere Saitenbezüge gleichzeitig spielen konnte. Das bedeutet, dass beim Anschlag einer Taste oder, besser gesagt, beim Anzupfen eines Tons, mehrere Saiten gleichzeitig erklangen. Einige Jahrzehnte vorher war eine Mechanik erfunden worden, bei der die Klaviersaiten von einem schwingenden Hammer angeschlagen wurden. Diese Mechanik wurde bei den sogenannten „Hammerklavieren“ benutzt. Der Vorteil bei dieser Erfindung lag darin, dass man die Lautstärke des Tons durch den Anschlag verändern konnte. Also, feste auf die Taste drücken – lauter Ton, zart und leicht – leiser Ton. Darum hießen diese Instrumente auch „Piano-Forte“. Das ist diesmal italienisch und bedeutet: Leise-Laut. Für unsere heutigen Ohren spielten sie aber eher leise als laut.

Im Laufe seines Lebens hat Beethoven eine ganze Reihe verschiedener Hammerklaviere besessen. Schade, dass davon nur noch ein paar erhalten sind. Im Jahre 1803 bekam er ein Instrument von dem französischen Klavierbauer Sebastian Erard geschenkt. Dieses Klavier ist noch erhalten. Es steht im Oberösterreichischen Landesmuseum in Linz an der Donau und hat fünfeinhalb Oktaven, also 67 Tasten. Einen noch etwas größeren Umfang, nämlich sechs Oktaven, hatte das Instrument, das ihm der englische Klavierbauer Thomas Broadwood im Jahr 1818, also noch einmal 15 Jahre später, schenkte. Es hatte pro Taste drei Saiten, das nennt man dreichörig. Dadurch klang das Klavier noch voller und noch lauter. Und das war inzwischen für Beethoven schon sehr wichtig geworden, weil seine Schwerhörigkeit immer schlimmer wurde. Auch dieses Klavier gibt es noch. Es steht im Nationalmuseum in Budapest. Fast genau das gleiche Klavier hatte Thomas Broadwood ungefähr drei Monate vorher schon einmal gebaut. Und das kannst du im Beethoven-Haus sehen. Sogar hören. Denn manchmal wird es bei Konzerten im Kammermusiksaal des Beethoven-Hauses gespielt. So gut in Schuss ist es noch.

Aber damit war die Entwicklung der Hammerklaviere noch lange nicht zu Ende. Den Klavierbauern fiel immer wieder etwas Neues ein. Die Saiten wurden straffer gespannt und waren dicker. Deshalb musste

Dieser Flügel des Wiener Klavierbauers Conrad Graf war das letzte Instrument Beethovens.

der Rahmen stabiler werden. Dadurch wiederum wurden die Instrumente auch immer schwerer. Und so weiter und so weiter. Das alles trug aber dazu bei, dass der Klang der Hammerklaviere immer besser, immer voller und immer lauter wurde. Heutzutage haben die Flügel 88 Tasten, haben einen Metallrahmen, können bis zu 2,74 Meter lang sein und sind zwei- bis dreichörig.

Das letzte Klavier, das Beethoven besaß, hatte sechseinhalb Oktaven, also 77 Tasten. Im unteren Bereich hatte jeder Ton drei Saiten, war also dreichörig. Die meisten Tasten aber schlugen vier Saiten an, waren also sogar vierchörig. Der Wiener Klavierbauer Conrad Graf hatte es ihm 1826 leihweise zur Verfügung gestellt. Du kannst es dir im Beethoven-Haus ansehen. Es steht gegenüber dem Instrument von Thomas Broadwood. Genau so haben die zwei Klaviere auch in Beethovens letzter Wohnung im Schwarzspanierhaus gestanden. Auf dem Flügel von Conrad Graf kann man leider nicht mehr spielen.

Ludwig van Beethoven spielte aber nicht nur Tasteninstrumente. Er besaß auch noch einige andere Instrumente. Die Bratsche, die er in Bonn spielte, kennst du ja schon. Er hatte noch eine. Die war Teil eines Streichquartetts. Die Instrumente für das Streichquartett – zwei Geigen, eine Bratsche und ein Violoncello – hatte Fürst Karl Lichnowsky ihm geschenkt. Schon kurz nach Beethovens Ankunft in Wien. Denn der Fürst verehrte Beethoven sehr. Und er hat ihm in vielfacher Hinsicht geholfen.

Am Hof des Fürsten Lichnowsky gab es ein fest angestelltes Streichquartett. Der „Primarius“ davon, also der erste Geiger, war der dicke Ignaz Schuppanzigh. Manchmal nannte Beethoven ihn „Eselskopf“ oder „Saumagen“. Aber nur so zum Spaß. Schuppanzigh und seine Musiker haben jedenfalls viele von Beethovens Streichquartetten zum ersten Mal aufgeführt. Einige davon bestimmt auf diesen Instrumenten.

Wenn du ein Bild von dir brauchst, weil du es vielleicht deiner Freundin oder deinem Freund schenken willst, hast du es leicht. Du nimmst einfach ein Foto.

Fotoapparate waren aber zu Beethovens Zeit noch nicht erfunden. Wir können froh sein, dass es so viele Maler gab, die Beethoven für uns porträtiert haben. Die Wichtigsten von ihnen wollen wir jetzt kennen lernen. Sehen wir uns ihre Bilder doch einmal genau an.

Das erste Beethoven-Porträt, das wir kennen, ist ein Scherenschnitt oder auch Schattenriss, wie es damals hieß. Es stammt von einem Bonner Schattenriss-Künstler, der **Josef Neesen** hieß. Auf dem Bild ist Beethoven ungefähr 16 Jahre alt. Es ist im Haus von Beethovens besten Freunden in Bonn, der Familie von Breuning, entstanden und zeigt Beethoven zu der Zeit, als er in der Bonner Hofkapelle spielte. Und zwar in seiner Kleidung für offizielle Anlässe. Von wem sonst als von Bäckermeister Fischer wissen wir, wie Beethovens Kleidung bei solchen Anlässen aussah? Er trug einen Frack, eine kurze Hose mit Schnallen, also eine Kniebundhose, eine weiße Seidenweste mit Blumenmuster und ein Spitzenhalstuch, das man Jabot nennt. Als Frisur trug er einen Haarzopf – weiß der Himmel, warum wir immer nur Mozart-Zopf sagen – mit seitlichen Locken an den Schläfen. Du siehst, wie genau Neesen all diese Einzelheiten im Schattenriss wiedergegeben hat. Auch Beethovens niedrige Stirn und die Nasenform sind deutlich zu erkennen. Solch ein Schattenbild war damals so eine Art Passbild. Man machte diese Schattenrisse im 18. Jahrhundert, indem man die Person zum Beispiel hinter ein gespanntes Tuch setzte und entsprechend von hinten beleuchtete. Die Umrisse wurden nachgezeichnet, verkleinert auf schwarzes Papier übertragen und ausgeschnitten. Auf diese einfache Weise erhielt man ein ziemlich genaues Abbild einer Person.

Als Erinnerungsbilder, die allerdings ein bisschen aufwändiger waren, haben Maler

Miniatur-Bilder gemalt. So entstand zum Beispiel das kleine Bild, das Beethoven im Alter von 32 Jahren zeigt. Es stammt von einem richtigen Berufsmaler aus Dänemark namens **Christian Horneman** und zeigt Beethovens Kopf bis zum Schulterbereich. Mehr als so ein Ausschnitt war auf solchen Miniaturen meist nicht abgebildet. Der Maler hat Beethoven hier als eleganten Herrn wiedergegeben. Er stellt ihn in der Kleidung dar, die man zu dieser Zeit bei Einladungen trug. Eine blaue Jacke und ein weißes Halstuch, das hoch bis unter das Kinn gebunden ist. Die ein bisschen wuschelige Frisur war damals sehr modern. Dem Gesicht hat der Maler einen lebendigen Ausdruck und einen ernsten, konzentrierten Blick gegeben. Beethoven muss dieses Bild gefallen haben, denn er schenkte es seinem guten Freund Stephan von Breuning, um sich nach einem Streit wieder mit ihm zu versöhnen.

Ein anderes, viel größeres Bild von Beethoven, stammt von dem Wiener Maler **Isidor Neugaß**. Es entstand ungefähr vier Jahre später. Da war Beethoven in Wien schon ein berühmter Musiker. Auch hier ist nur sein Kopf bis zur Schulter zu sehen. Und auch hier sieht Beethoven sehr elegant aus. Das Bild entstand für einen Freund und Förderer Beethovens, den Fürsten Lichnowsky. Eine Kopie dieses Bildes wurde auch noch für einen anderen Freund Beethovens, den Grafen Franz von Brunsvik, gemalt. Daran, dass Adelige diese Bilder in Auftrag gegeben haben, siehst du, dass es keine Bilder nur für persönliche enge Freunde waren. Ihnen kam es wohl eher darauf an, einen repräsentativen Wandschmuck im Empfangsraum oder Salon ihres Hauses zu haben. Damit konnte man nämlich ganz nebenbei zeigen, dass man mit dem berühm-

ten Komponisten befreundet war. Vielleicht auch deshalb hat Isidor Neugaß Beethoven nicht so ganz naturgetreu gemalt. Das Bild sollte möglichst schön wirken, und es sollte einen gut aussehenden, eleganten Beethoven zeigen. Darum veränderte er Beethovens Nase zum Beispiel so, dass sie fast klassisch wirkt. Und er malte ihm eine ganz glatte Haut. In Wirklichkeit hatte Beethoven aber ziemlich viele Pockennarben im Gesicht.

Auch die Büste, die der Wiener Bildhauer **Franz Klein** angefertigt hat, entstand im Auftrag eines Freundes von Beethoven, Andreas Streicher. Der war ein bekannter Wiener Klavierbauer und veranstaltete in seinem Haus oft kleine Konzerte. Dafür hatte er sich einen Konzertsaal eingerichtet, den er mit den Büsten besonders berühmter Musiker ausstatten wollte. Da durfte natürlich ausgerechnet die von Beethoven nicht fehlen.

Für die Herstellung so einer Büste muss zuerst einmal eine Gipsmaske vom Gesicht gemacht werden. Das war im Fall von Ludwig van Beethoven nicht so einfach. Der Bildhauer musste Beethovens Haare mit einer Art Haube abdecken und steckte ihm Röhrchen in beide Nasenlöcher, damit er atmen konnte. Danach wurde eine dickliche Gipsmasse auf das Gesicht gegossen. Mit dieser Masse auf dem Gesicht sollte Beethoven nun abwarten bis die Maske fest geworden war. Doch er bekam nur schlecht Luft und musste die Lippen fest zusammenpressen, damit ihm die Masse nicht in den Mund lief. Das gefiel ihm natürlich nicht. So riss er sich ungeduldig die Röhrchen aus der Nase und schnappte nach Luft. Die erste Maske war dahin. Erst beim zweiten Versuch hielt er so lange still, bis die Maske fertig war. Vielleicht weil die Prozedur so unangenehm war und weil ihm das alles nicht so passte, guckt seine Büste jetzt so grimmig.

Denn eigentlich war Beethoven in dieser Zeit gar nicht unfreundlich oder grimmig. Er war ein umgänglicher und freundlicher Mensch. Das haben jedenfalls seine Bekannten und Freunde berichtet.

Mit Hilfe jener Maske entstand nun eine Büste, die Beethoven sehr ähnlich sieht. Doch selbst hier hat der Bildhauer noch etwas verändert. Von den Haaren zum Beispiel konnte ja kein Gipsabdruck genommen werden. Die wilde Frisur hat Franz Klein wahrscheinlich nachträglich aus seiner Erinnerung gestaltet. Und die Augen und die Augenbrauen können auch nicht einfach mit Gips übergossen werden. Deshalb wurden sie abgedeckt. Das gab Franz Klein natürlich Raum für künstlerische Freiheiten. Und die nutzte er dazu, Beethoven besonders große, weit geöffnete Augen zu geben. Denn große, weit geöffnete Augen bedeuten schon seit der Antike, dass der dargestellte Mensch besonders begabt ist. Und dass er Dinge, wie zum Beispiel die Musik, in einer besonderen Art wahrnimmt. In einer Art, die ihn eben von anderen Menschen unterscheidet.

Diese besondere Betonung der Augen wurde von da an für viele andere Künstler wichtig. Ein Beispiel dafür ist das Porträt von **Joseph Willibrord Mähler**, das drei Jahre nach der Büste entstanden ist. Mähler hat in Wien eine ganze Reihe von Musikern porträtiert. Aber an dem Bild von Ludwig van Beethoven muss er besonders gehangen haben, denn er behielt es bis zu seinem Tode selbst. Man erkennt, dass auch Mähler Ludwig van Beethoven als etwas Besonderes darstellen wollte. So ist Beethovens Hemdkragen etwas größer und weicher gemalt als er in Wirklichkeit gewesen sein dürfte. Und auch das Halstuch und die Weste sind besonders groß und üppig geraten. Das führt aber dazu, dass der Blick des Betrachters gleich auf die Augenpartie Beethovens gelenkt wird. Den Augen gab Mähler große, helle Glanzlichter. Und selbst die Augenwinkel hat er durch die Verwendung von weißer Farbe noch einmal hervorgehoben. Auch deshalb schaut man unwillkürlich zuerst auf die Augen. Und man staunt, wie außergewöhnlich glänzend sie erscheinen.

Wenig später, nämlich 1818, ist die Zeichnung von **August Friedrich von Kloeber** entstanden. Und wieder ist der Ausdruck der Augen besonders auffällig. Beethoven schaut nicht mehr den Betrachter an. Sein Blick geht über den Betrachter hinweg nach oben. Wie wenn er zum Himmel schauen würde. Beethovens Blick zum Himmel wurde danach noch von vielen anderen Künstlern so dargestellt. Weil es bedeutet, dass Beethoven mit besonderen Gedanken und Ideen beschäftigt ist. Gedanken wohl, die aus einer anderen Welt stammen. Aus der Welt des Künstlers eben. Interessant ist auch, dass August von Kloeber Beethovens Kleidung ziemlich genau so zeigt, wie sie damals wirklich aussah. Auch darin unterscheidet sich sein Bild deutlich von Mählers Gemälde. Und schließlich Beethovens Frisur: Aus der eleganten Lockenfrisur ist eine richtige Haarmähne geworden. Ob Beethoven sie wirklich so trug, ist nicht sicher. Aber diese Darstellung wurde zu der typischen Beethoven-Frisur. Und fast alle späteren Maler und Künstler gestalteten sie in dieser Art. Genau wie Beethovens Blick zum Himmel.

Fast zur gleichen Zeit entstand auch das Gemälde von **Ferdinand Schimon**. Auch auf seinem Bild sind der Blick zum Himmel und die wilde Haarpracht zu sehen. Aber Schimon legte Wert darauf, ein schönes und prachtvolles Werk zu schaffen. Wohl auch deshalb ist die Haarmähne nicht ganz so wild und zerzaust dargestellt wie in der Zeichnung von August von Kloeber. Schimon hatte es nicht leicht, Beethoven zu porträtieren, weil Beethoven seine Zeit nicht mit Modell-Sitzen verschwenden wollte. So blieb Schimon nichts anderes übrig, als Beethoven zu Hause zu malen, während der komponierte. Aber auch das war schwierig und störte den Komponisten. Deswegen wissen wir gar nicht genau, ob das

Bild sehr ähnlich geworden ist. Zumindest die Augen hat Schimon erst nachträglich fertig stellen können. Und die scheinen nun wirklich eher nach seiner Phantasie als nach der Wirklichkeit gemalt zu sein. Beethovens Sekretär Anton Schindler, der das Bild später besaß, behauptete allerdings immer, das Bild hätte sogar sehr große Ähnlichkeit. Vielleicht hat er das aber nur gesagt, damit sein Bild als besonders wertvoll eingeschätzt wurde.

Das berühmteste Beethoven-Bild stammt von **Joseph Karl Stieler**. Es wurde im Jahre 1820 gemalt, als Beethoven fast 50 Jahre alt war. Stieler war ein besonders gut ausgebildeter Berufsmaler, der in Paris studiert hatte und der später als Hofmaler der bayerischen Könige in München große Erfolge feierte. Sein Bild unterscheidet sich in vielen Einzelheiten von allen Porträts, die du bisher kennen gelernt hast. Auch er musste allerdings sein Gemälde unter Zeitdruck malen, weil Beethoven nur zu drei Sitzungen im Atelier des Malers bereit war.

Und dennoch brachte Stieler Ideen in sein Bild ein, die es vorher bei Beethoven-Darstellungen nicht gegeben hatte. So zeigt er Beethoven als erster mit einer Notenhandschrift und weist so auf seinen Beruf hin. Auf der Handschrift steht der Titel „Missa Solemnis". Das war Beethovens Wunsch, weil er an diesem Werk gerade arbeitete. Stieler hat Beethoven so dargestellt, als ob er gerade über seine Komposition nachdenke und im nächsten Augenblick diese Gedanken aufschreiben wolle. Dabei schaut er zwar nicht so sehr gen Himmel wie bei den Bildern von Kloeber und Schimon, aber auch hier schaut er den Betrachter nicht an. Gerade so, als wenn seine Gedanken irgendwo anders schwebten. Als wenn er nichts außer seiner inneren Stimme hörte.

Auch die Kleidung Beethovens auf diesem Bild ist neuartig. Er trägt ein weißes Hemd mit einem großen weichen Kragen, einen roten Schal und darüber einen blauen, mit Tressen geschmückten Morgenrock. Die Idee zu dieser Art Kleidung hatte Stieler von anderen Künstlern übernommen, die im 18. Jahrhundert berühmte Dichter und Schriftsteller auf diese Weise dargestellt hatten. Mit solchen ungewöhnlichen und oft exotischen Gewändern wollte man damals ausdrücken, dass die Künstler besondere Menschen waren. Und dass ihre Ansichten und Gedanken eben freier und ungewöhnlicher waren als bei den Adeligen und den Bürgern ihrer Zeit.

Ganz besonders interessant aber ist der außergewöhnliche Hintergrund dieses Bildes. Auch auf manchen anderen Porträts Beethovens sieht man Himmel oder Wolken im Hintergrund. Aber doch eher zurückhaltend und unauffällig. Ganz anders auf diesem Bild. Hier sieht man hinter dem Komponisten einen Wald. Natürlich paßt der nicht zu Beethovens Morgenrock oder zu seiner Notenhandschrift. Aber er spielt eine große Rolle in der gesamten Komposition des Bildes. Denn Stielers Idee war, dass ein Genie seine Inspiration aus der Natur erlangt. Dort, wo er auch Gott finden kann. Beethoven war ja bekannt dafür, dass er die Natur liebte und weite Spaziergänge machte. Der Maler hat also ganz verschiedene Dinge, die ihm an Beethovens Persönlichkeit wichtig erschienen, in seinem Gemälde verschmolzen.

Stieler wollte Beethoven nicht einfach abbilden. Er wollte ausdrücken, dass Ludwig van Beethoven ein außergewöhnlicher Mensch war. Ein Künstler. Einer, der auch ein Künstlerleben lebt. Der voller Ideen steckt und der ein besonderes Verhältnis zur Natur hat. Aus dem eleganten Herrn der früheren Porträts ist hier der Künstler geworden. So wie man sich damals einen vorstellte. Vielleicht deshalb ist Stielers Gemälde das wohl bekannteste und beliebteste Abbild Ludwig van Beethovens geworden.

Porträt-Puzzle

Von den Beethovenporträts von Christian **Horneman** (Seite 36), Joseph Willibrord **Mähler** (Seite 38), Isidor **Neugaß** (Seite 36), Ferdinand **Schimon** (Seite 39) und Joseph Karl **Stieler** (Seite 41) findest du hier jeweils vier Ausschnitte (Haare, Augen, Mund+Kinn und Halstuch). Jeder Ausschnitt ist mit einem Buchstaben versehen. Verbinde die zusammengehörigen Ausschnitte miteinander. Trage am Ende einer jeden Linie die Buchstaben der entsprechenden Teile in die Kästchen am rechten Seitenrand ein (in der Reihenfolge: Haare, Augen, Mund, Halstuch).
Wenn du alle Teile richtig verbunden hast, erhältst du als Lösungswort den Namen desjenigen Freundes, dem Beethoven das Miniatur-Porträt von Horneman geschenkt hat.

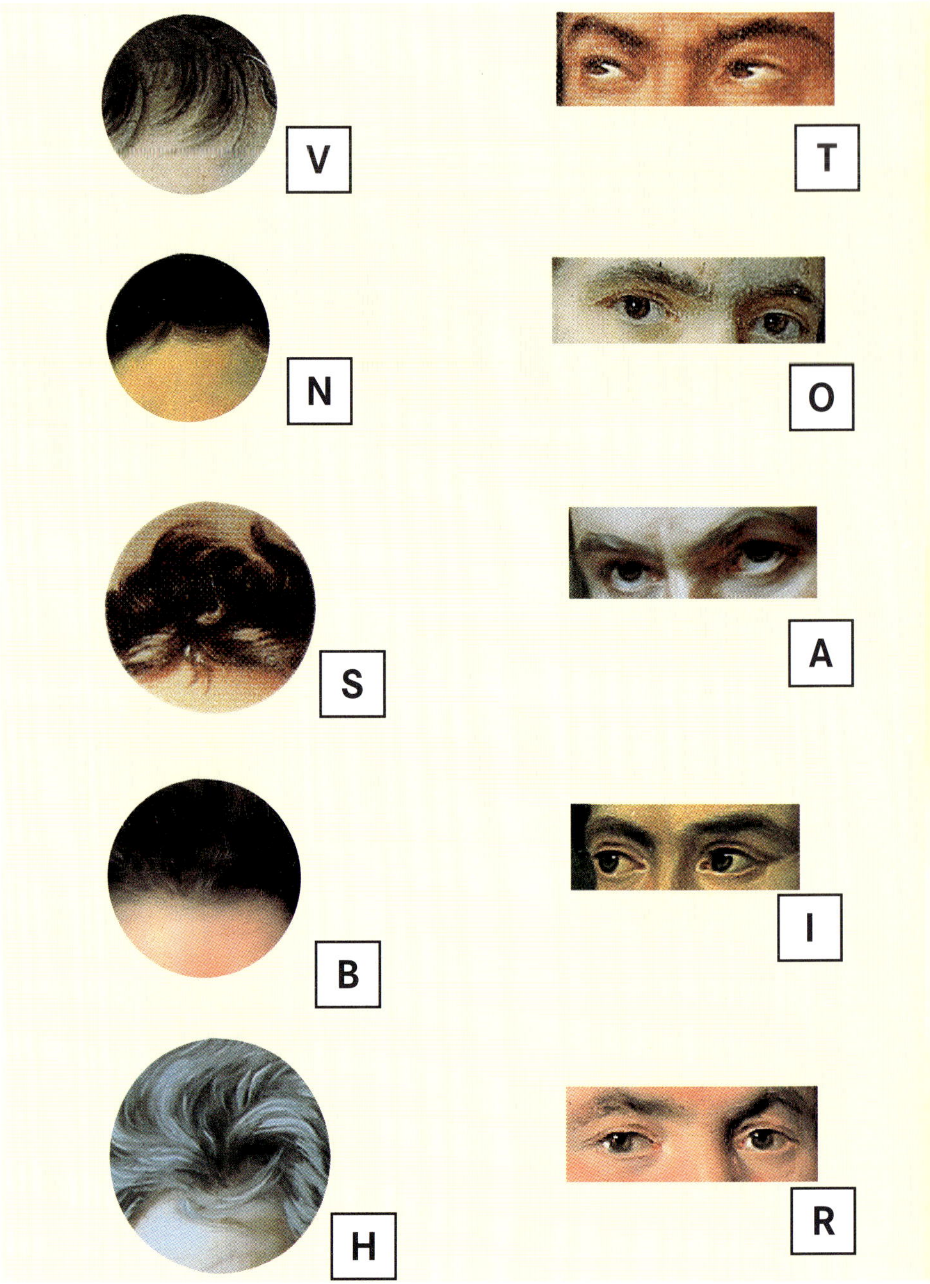

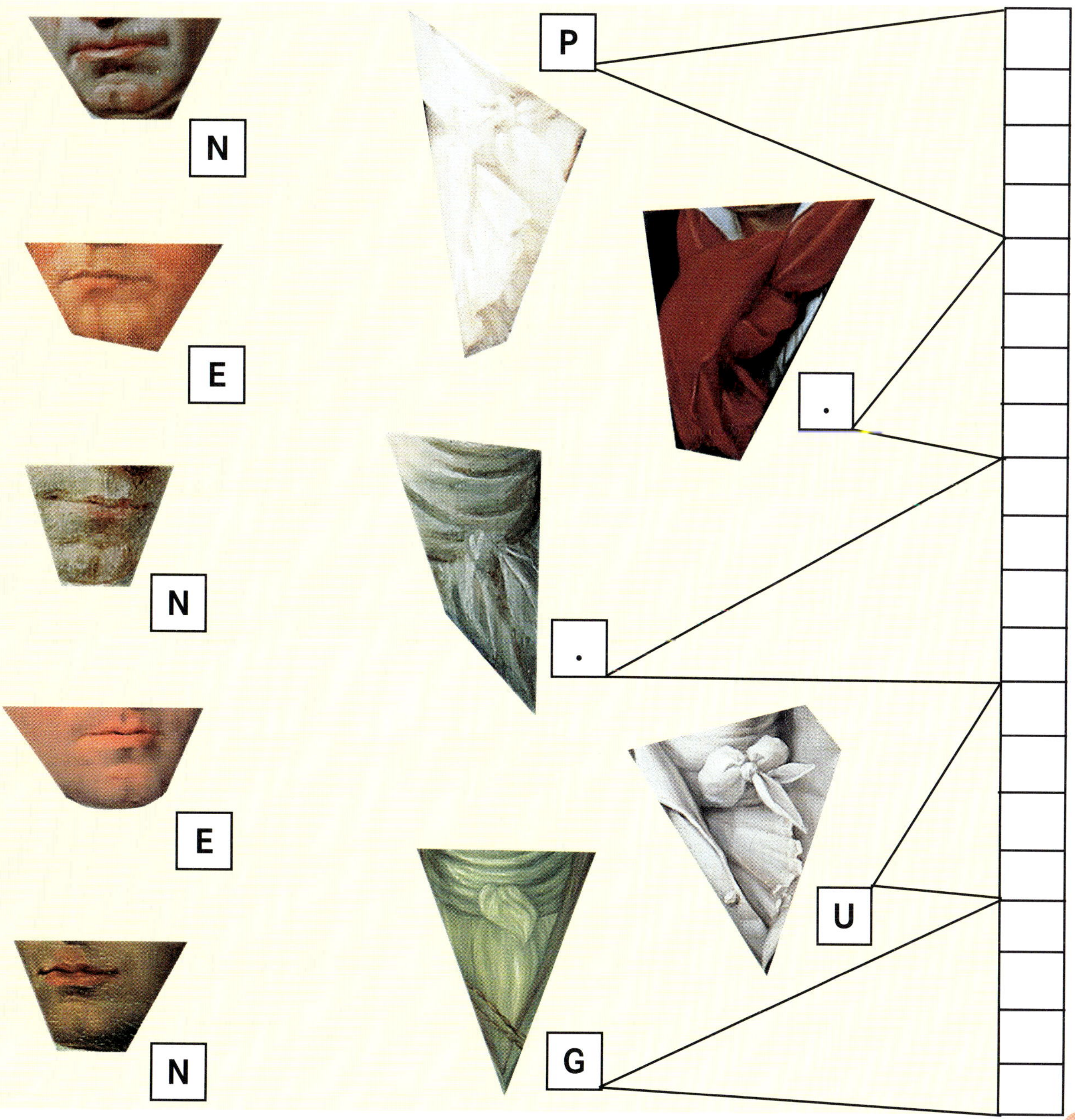
N
E
N
E
N
P
.
.
U
G

Stell dir vor, du wärst taub. Kein Laut um dich herum, keine Straßengeräusche, kein Vogelgezwitscher. Du könntest deine CDs nicht mehr hören, du würdest deine Freunde nicht mehr verstehen. Du würdest über Pützchens Markt gehen, die vielen Menschen sehen, die bunten Lichter. Und du wüsstest, wie laut und bunt sich alles anhört. Wie die Kirmesmusik klingt und die Stimmen der Marktschreier. Aber nichts davon würdest du hören. Nichts. Nichts. Und wenn liebe Menschen um dich wären, würdest du nicht mal hören, wie sie deinen Namen sagen. Und dazu wüsstest du noch, dass das nie wieder besser wird. Dass die Geräusche, die dich immer umgeben haben, nie wieder zurückkommen werden. Ist das nicht eine ganz schreckliche Vorstellung? Wie bedrückend muss das sein! Wie einsam muss man sich fühlen!

Du weißt, dass Ludwig von Beethoven an dieser Krankheit gelitten hat. Einer Krankheit, die auch für Menschen schon schlimm genug ist, die nicht ausgerechnet noch Musiker sind. Aber Ludwig van Beethoven war nun einmal Musiker. Unvorstellbar, dass er trotzdem noch so großartige Musik geschrieben hat, die er selbst gar nicht mehr hören konnte.

Wie hat er das wohl gemacht? Nun, Ludwig van Beethoven war ein unglaublich schöpferischer Mensch. Er hat ja viele Jahre seines Lebens selber Musik gespielt und hat viele Instrumente gründlich kennen gelernt. Er wusste genau, was die Instrumente können und wie sie klingen. Wir haben schon erzählt, wie beharrlich und unermüdlich Beethoven die Regeln des Komponierens erlernt hat. In seinem Inneren hat er die Melodien gehört. Oder Streichquartette. Oder ganze Orchester. Und das schrieb er auf. Denn er wusste genau, wie sich das anhören müsste, was er aufschrieb. Ganz einfach, oder?

Nein! Es ist und bleibt einfach unglaublich, dass es ein gehörloser Komponist war, der uns diese wundervolle Musik hinterließ.

Beethoven war noch keine 30 Jahre alt, als es anfing. Als er bemerkte, wie sein Gehör immer schlechter wurde. Tag und Nacht hatte er ein Sausen und Brausen in den Ohren. Alles, was damals möglich war, versuchte er. Aber das war noch nicht so viel. In heißem Öl getränkte Wattebäusche wurden ihm in die Ohren gesteckt. Doch was konnte das schon helfen? Er ließ sich schließlich Hörrohre bauen. Diese gigantischen „Suppenkellen" kannst du dir in der Vitrine einmal ansehen. Der Mann, der Beethoven diese Hörrohre baute, hieß Johann Nepomuk Maelzel. Das ist der, der durch den Bau des Metronoms berühmt geworden ist. Dieses Taktschlägers, der dich vielleicht beim Üben antreibt – oder auch bremst. Aber letztlich halfen diese Hörrohre Ludwig van Beethoven überhaupt nicht.

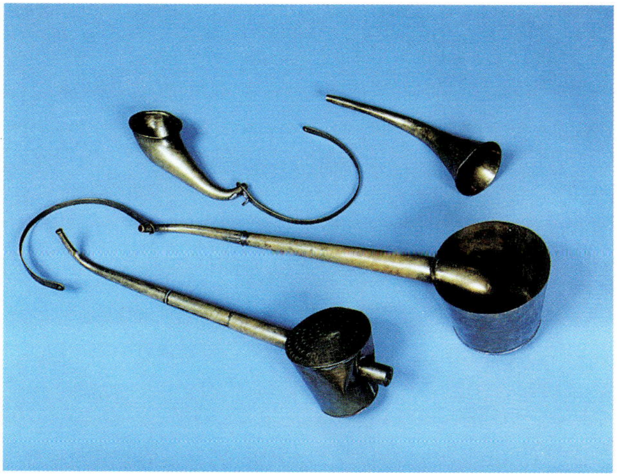

Ob Beethoven mit diesen Geräten besser hören konnte?

Er war immer so gern unter Menschen. Doch mit 32 Jahren machte ihn seine Krankheit traurig. Er fühlte sich unendlich einsam und verzweifelt. So verzweifelt, dass er eine Art Testament schrieb. Weil er zu dieser Zeit gerade in dem Wiener Vorort Heiligenstadt war, wird dieses Dokument heute das „Heiligenstädter Testament" genannt. Es ist eigentlich ein Brief an seine Brüder und es geht darin weniger darum, seinen Besitz nach seinem Tode aufzuteilen. Es ist wohl eher so, dass er sich seine ganze Verzweiflung einmal „von der Seele" schreiben wollte. Denn abgeschickt hat er diesen Brief nie.

Aus Beethovens Schwerhörigkeit wurde schließlich vollständige Taubheit. Mit ungefähr 48 Jahren konnte er überhaupt nichts mehr hören. Er hatte von da an immer ein kleines Heftchen dabei. Wenn er dann mit jemandem sprach, ließ er sich die Antwort in dieses Heftchen schreiben. Du kannst dir sicher vorstellen, wie mühsam solche „Gespräche" gewesen sein müssen. Hunderte von diesen sogenannten „Konversationsheften" hat er bis zu seinem Tod benutzt.

So traurig es ist, dass Beethoven diese Konversationshefte überhaupt benutzen musste, so wertvoll sind sie heute für uns. 138 von ihnen sind zum Glück noch erhalten. Und aus ihnen haben wir viel über Beethovens Alltagsleben und über Aufführungen seiner Werke erfahren. Man muss dazu natürlich irgendwie nachvollziehen, was Beethoven gesagt oder gefragt hat. Denn in den Heftchen steht ja immer nur die Antwort.

Wenn du dieses Buch zu Ende gelesen hast, wirst du so viel über Ludwig van Beethoven gelernt haben, dass du bestimmt auch schon so ein kurzes Gespräch mit ihm zusammenpuzzeln kannst, indem du

Beethovens Sätze herausfindest. Versuch dann doch mal das „Konversations-Spiel“ auf der nächsten Seite.

Das Traurigste an der ganzen Krankheit Beethovens aber war eigentlich, dass er später die Aufführungen seiner Werke selbst gar nicht mehr hören konnte. Und manchmal gar nicht wahrnehmen konnte, welche Freude er den Menschen damit machte. Bei der ersten Aufführung seiner Neunten Symphonie, der, wo der Chor am Schluss „Freude schöner Götterfunken“ singt, tobte das Publikum vor Begeisterung. Aber Beethoven bemerkte es nicht. Jemand musste ihn, der in der ersten Reihe saß, darauf aufmerksam machen und sein Gesicht zum Publikum zu drehen, damit er den tosenden Applaus – seinen Applaus – wenigstens ***sehen*** konnte.

O ihr Menschen, die ihr mich für feindselig, störrisch oder misanthropisch haltet oder erkläret, wie unrecht tut ihr mir, ihr wißt nicht die geheime Ursache von dem, was euch so scheinet. (...) Bedenket nur, daß seit 6 Jahren ein heilloser Zustand mich befallen (...) mußte ich früh mich absondern, einsam mein Leben zubringen. (...) und doch wars mir noch nicht möglich den Menschen zu sagen: sprecht lauter, schreit, denn ich bin taub. (...) wie ein Verbannter muß ich leben, nahe ich mich einer Gesellschaft, so überfällt mich eine heiße Ängstlichkeit, indem ich befürchte in Gefahr gesetzt zu werden, meinen Zustand merken zu laßen (...) solche Ereignisse brachten mich nahe an Verzweiflung (...) nur sie die Kunst, sie hielt mich zurück

Aus dem Heiligenstädter Testament

Wenn du alle Kapitel dieses Buches gelesen hast, weißt du eine ganze Menge über das Leben Ludwig van Beethovens. Da wird es dir bestimmt nicht schwerfallen, einen Teil eines Gespräches „mitzuhören", das Beethoven mit dem französischen Verleger Moritz Schlesinger Anfang September 1825 in dem Wiener Vorort Baden geführt hat. Trage ein, was Beethoven gesagt haben könnte. Als kleine Hilfe ist die Buchseite angegeben, auf der du die Antwort finden kannst.

Schlesinger: *In Frankreich glauben wir das durch Dampf gemachter Kaffe den Geschmack verliere wenn er nicht getrunken nachdem der Rauch in die Höhe zieht.*
Beethoven:
(lies nochmal S. 59) ____________________

Schlesinger: *Sie machen sich den Kaffee immer selbst?*
Beethoven:
(lies nochmal S. 57) ____________________

Schlesinger: *Sie machen Sich den Kaffee immer selbst. ich auch -*
Ich habe eine gute Wirthschafterinn die mein IIaus verwaltet. 45 Jahr alt
Beethoven:
(lies nochmal S. 59) ____________________

Schlesinger: *Da ist keine Gefahr.*

Sie sind IIolländischen Ursprungs nicht wahr?
Beethoven:
(lies nochmal S. 11) ____________________

Schlesinger: *jetzt sind Sie schon sehr lange hier. wie lange?*
Beethoven:
(lies nochmal S. 27) ____________________

Schlesinger: *Welches halten Sie für Ihr wohlgetroffenestes Bild?*
Beethoven:
(lies nochmal S. 36) ____________________

Schlesinger: *ist ein Marmorbild da? -*
Beethoven:
(lies nochmal S. 37) ____________________

Beethovens Geliebte

Geheiratet hat Beethoven nie, aber verliebt war er oft. Meist in junge Damen aus adeligen Kreisen. Gräfinnen oder Baroninnen, denen er Klavierunterricht gab. Aber von diesen Damen konnte er keine heiraten. Er war zwar ein berühmter Künstler, mit dessen Freundschaft die Adeligen sich gern schmückten, aber er war eben keiner von ihnen.

Eine seiner Herzensdamen war die Gräfin Giulietta Guicciardi. Er hat sie 1800 kennengelernt. Ihr hat er die sogenannte Mondschein-Sonate gewidmet. Kann sein, dass er auch ein bisschen in Therese Brunsvik verliebt war. Das war die Kusine von Giulietta. Ganz bestimmt wissen wir, dass er in Thereses Schwester Josephine verliebt war. Denn es gibt noch Liebesbriefe, die er ihr zwischen 1804 und 1807 geschrieben hat. Einmal war er auch verlobt. Mit Therese Malfatti, der Tochter eines Wiener Großhändlers. Die wollte er 1810 heiraten. Aber dazu kam es dann doch nicht. Therese hat sich später für einen Adeligen entschieden. Für sie hat er zu jener Zeit ein Klavierstück geschrieben, das nachher unter dem Namen „für Elise“ weltbekannt geworden ist. Das ist aber falsch. Eigentlich müsste das Stück „für Therese“ heißen. Es war nämlich so, dass die Nachfahren der Malfattis im Besitz des Autographs waren. Leider ging es verloren. Irgendjemand hatte es aber abgeschrieben, konnte jedoch Beethovens Handschrift nicht richtig lesen. Und so hat er aus Therese eine Elise gemacht. Aber das Stück muss Beethoven für Therese geschrieben haben. Denn in der Familie Malfatti gibt es weit und breit keine Elise.

Weißt du eigentlich, wie das Stück geht? Die Anfangstakte kennt jeder. Aber kriegst du auch unser „Elise“-Puzzle auf Seite 53 zusammen?

Eine weitere Dame, für die Beethoven ein wenig entflammte, war Antonie Brentano. Sie war die Tochter eines Gelehrten und Kunstsammlers aus Wien. Und sie war die Frau des Frankfurter Kaufmanns und späteren Senators Franz Brentano. Mit den Brentanos war Beethoven seit 1809 gut bekannt.

Eine dieser Frauen muss die sein, die Beethoven am allermeisten, geradezu „unsterblich“ geliebt hat. Man hat nämlich nach seinem Tod einen Liebesbrief in seinem Schrank gefunden. Aber welche das war, haben wir noch nicht herausgekriegt. Der Brief war nur ungenau datiert, war nicht adressiert, und abgeschickt wurde er auch nicht. Bei dem Brief lag noch das Miniatur-Porträt einer Frau. Wahrscheinlich seine Angebetete. Aber da stand leider kein Name drauf. Und man konnte auch nicht herausbekommen, wen dieses Bild zeigt. Denn wie es mit der Ähnlichkeit von Porträts damals stand, weißt du ja schon aus einem der vorherigen Kapitel.

Der Brief war jedenfalls sehr lang. Beethoven schrieb zwei Tage daran. Natürlich in zärtlichen, schwärmerischen und hingebungsvollen Worten. Hier sind ein paar Stellen daraus.

„am 6ten Juli Morgends, - Mein Engel, mein alles, mein ich. – nur einige Worte heute, und zwar mit deinem Bleystift – erst morgen ist meine Wohnung sicher bestimmt, welcher Nichtswürdiger Zeitverderb in d.g – (...) meine Reise war schrecklich, ich kam erst Morgens 4 uhr gestern hier an, da es an Pferde mangelte, wählte die Post eine andre Reiseroute, aber welch schrecklicher Weg, auf der vorlezten Station warnte man mich bey nacht zu fahren, machte mich einen Wald fürchten, aber das Reizte mich nur – und ich hatte Unrecht, der Wagen muste bey dem schrecklichen Wege brechen (...) wir werden unß wohl bald sehn (...) bleibe mein Treuer einziger schaz, mein alles, wie ich dir(.) das übrige müßen die Götter schicken, was für unß seyn muß und seyn soll. – dein treuer Ludwig – "

„Abends Montags am 6ten Juli – Du leidest du mein theuerstes Wesen – eben jezt nehme ich wahr daß die Briefe in aller Frühe aufgegeben werden müßen. Montags – Donnerstags – die einzigen Täge wo die Post von hier nach K. geht. (...) gute Nacht – als Badender muß ich schlafen gehn – Ach gott – so nah! so weit! ist es nicht ein wahres Himmels-Gebäude unsre Liebe – aber auch so fest, wie die Veste des Himmels. – "

„guten Morgen am 7ten Juli – schon im Bette drängen sich die Ideen zu dir meine Unsterbliche Geliebte, (...) Engel, eben erfahre ich, daß die Post alle Tage abgeht und ich muß daher schließen, damit du den B. gleich erhältst – (...) sey ruhig – liebe mich (...) – verken nie das treuste Herz deines Geliebten L. ewig dein ewig mein ewig unß"

Willst du wissen, wie Wissenschaftler jetzt forschen würden? Du kannst ja einmal mitraten. Das geht ungefähr so:

Frage: In welchem Jahr wurde der Brief geschrieben? Also in welchem Jahr in Beethovens Leben war der 6. Juli ein Montag?

So sah das Wasserzeichen auf Beethovens Liebesbrief aus.

Antwort: Auf einen Montag fiel der 6. Juli in den Jahren 1795, 1801, 1807, 1812 und 1818.

Frage: In welchem dieser Jahre war Beethoven im Juli so weit von Wien entfernt, dass die Fahrt zu seinem Sommerort am besten nachts unternommen werden sollte?

Antwort: Nur 1812 unternahm Beethoven im Sommer eine weite Reise. Und zwar über Prag in den 100 Kilometer davon entfernten böhmischen Badeort Teplitz. In den anderen Jahren verbrachte er – wenn er sich überhaupt von Wien entfernt hat – den Juli in den Wiener Vororten Hetzendorf, Baden oder Mödling.

Und so geht es immer weiter. Praktisch jeder Zusammenhang, jeder Satz oder sogar jedes Wort muss untersucht werden. Irgendwann haben die Wissenschaftler

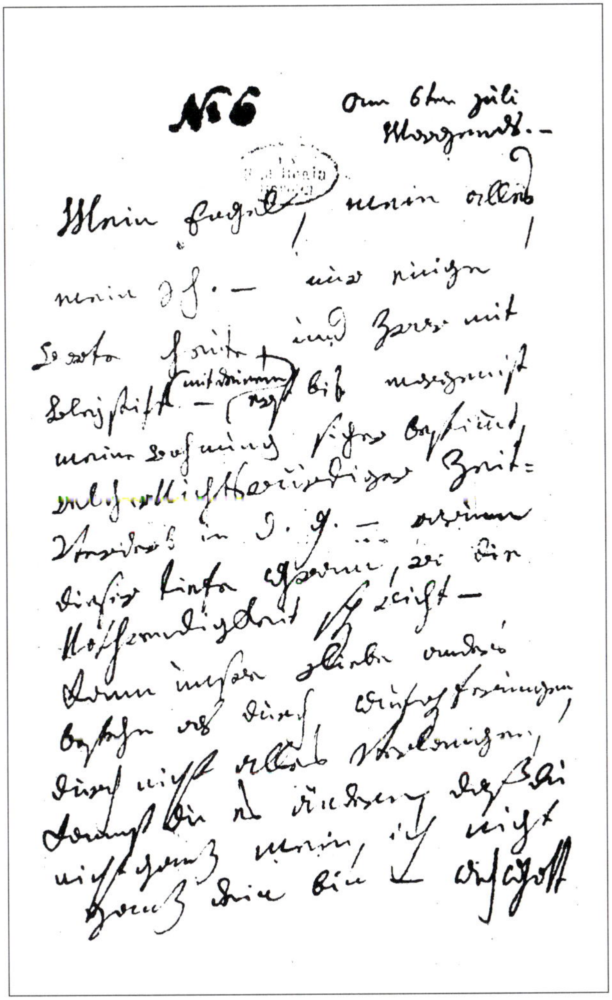

No 6 am 6ten Juli
Morgends. —
Mein Engel, mein alles,
mein Ich. — nur einige
Worte heute, und zwar mit
Bleystift (mit deinem) erst bis morgen ist
meine Wohnung sicher bestimmt,
welcher nichtswürdiger Zeit-
verderb in d. g. — warum
dieser tiefe Gram, wo die
Nothwendigkeit spricht —
kann unsere Liebe anders
bestehn als durch Aufopferungen,
durch nicht alles verlangen,
kannst du es ändern, daß du
nicht ganz mein, ich nicht
ganz dein bin — Ach Gott

Beethovens Brief an die „Unsterbliche Geliebte"

dann herausgefunden, dass man an den Wasserzeichen im Briefpapier herausbekommen kann, wann es hergestellt worden ist. Wasserzeichen, das sind zum Beispiel Kronen oder Buchstaben oder andere Zeichen, die man sehen kann, wenn man das Blatt gegen das Licht hält. Hast du bestimmt auch schon einmal gesehen, denn diese Wasserzeichen gibt es auch heute noch oft.

In dem Papier, das Beethoven für seinen Liebesbrief benutzt hat, erkennt man auf der einen Seite ein gekröntes Posthorn und die Buchstaben „D B". Auf der anderen Seite „A F". Das waren die Namensinitialen des Papierherstellers. Ein solches Papier benutzte Beethoven fast nur 1812. Also wissen wir, dass Beethoven den Brief am 6. Juli 1812 in Teplitz schrieb.

Dann geht's weiter:
Frage: Wohin sollte der Brief gehen?

Antwort: „Montags – Donnerstags – die einzigen Täge wo die Post von hier nach K. geht", schrieb Beethoven. Also hielt sich die Adressatin seines Briefes in einem Ort auf, der mit „K." anfängt. Und an diesen Ort mit „K." wollte Beethoven in absehbarer Zeit auch reisen. Er schrieb ja „wir werden unß wohl bald sehn". Ähnlich wie heute mussten schon damals alle Kurgäste in einem Kurort gemeldet sein. Deshalb wissen wir aus dem Karlsbader polizeilichen „Anzeigs-Protocoll", dass Beethoven vom 31. Juli 1812 an tatsächlich in Karlsbad war. Und dass er im Gasthaus „Zum Aug' Gottes auf der Wiese"

Antonie Brentano mit ihren Kindern Georg und Fanny

wohnte. Und was glaubst du wohl, wer da seit dem 5. Juli bereits wohnte? Es waren Bekannte aus Wien, nämlich Franz Brentano mit seiner Frau Antonie!

War der Brief also für Antonie Brentano bestimmt? Im Museums-Raum 8 siehst du zwei Bilder des Ehepaares Brentano mit ihren vier Kindern. Vielleicht hat Beethoven den Brief auch deshalb nicht abgeschickt, weil er diese harmonische Familie nicht zerstören wollte.

Manche Leute glauben auch, dass der Brief wohl eher an Josephine Brunsvik gerichtet war. In die war Beethoven einige Jahre vorher ja auch sehr heftig verliebt gewesen. Aber dafür gibt es nun wirklich keine Hinweise. Denn im Sommer 1812 hielt sich Josephine höchstwahrscheinlich in Wien auf. Jedenfalls nicht in Böhmen.

Wir haben also noch nicht herausbekommen, für wen dieser Liebesbrief war. Belassen wir es dabei. Lassen wir Beethoven sein Geheimnis. Aber du hast gesehen, wie spannend solche Forschungen sein können – und wie mühselig.

E

X

P

R

T

Das Klavierstück „Für Elise" ist eines der weltbekanntesten Werke Beethovens. Auch du wirst es kennen. Aber kennst du auch die verschiedenen Teile, aus denen es zusammengesetzt ist? Es sind insgesamt fünf verschiedene musikalische Teile. Einer der Teile kommt im Verlauf des Stückes mehrmals vor, denn „für Elise" ist der Form nach ein „Rondo".

Auch wenn du keine Noten lesen kannst, wirst du den musikalischen Verlauf bestimmt erkennen, zum Beispiel die gleich bleibenden Noten der linken Hand in Teil (R) oder die Dreiergruppen der rechten Hand in Teil (T), natürlich auch den dir bekannten Anfangsteil des Stückes (E). (Dass dieser E-Teil übrigens beim ersten Mal zwei Wiederholungen hat, lass bei diesem Spiel einfach außer Acht.)

Hör dir das Stück einmal ganz an oder vergleiche es mit den Noten und notiere die Reihenfolge der einzelnen Teile. In den unteren Kästchen kannst du die Buchstaben der musikalischen Teile, so wie sie hintereinander im Stück auftauchen, eintragen.

Mit dem Lösungswort weißt du, was du in Sachen Beethoven bist, wenn du dieses Buch gelesen hast.

Beethoven als Lehrer

Im Jahre 1792 kam Beethoven nach Wien. Da war er als Komponist noch nicht so bekannt. Aber sein Ruf als Klaviervirtuose war ihm bereits vorausgeeilt. Denn Virtuosen waren damals heftig umjubelt. Schnell war der Neuankömmling ein begehrter Klavierlehrer in den Häusern des Adels. Weil fast alle vornehmen Damen Klavier spielten, wurde er von Palais zu Palais gereicht. Nun, er kannte sich schon ein bisschen damit aus, denn in Bonn hatte er auch schon Klavierunterricht gegeben. Eleonore und Lorenz von Breuning zum Beispiel. Oder dem Fräulein von Westerholt, der Tochter einer sehr musikliebenden Familie. Frau von Breuning war es wohl, die ihn immer als Klavierlehrer empfohlen hatte, damit er sich ein bisschen Geld verdienen konnte. Nur manchmal hatte Beethoven überhaupt keine Lust dazu. Dann ging er entweder gar nicht erst hin, oder er machte vor dem Haus kehrt und kam zurück. Wenn ihn Frau von Breuning allerdings dabei ertappte, wurde er von ihr prompt zurückgeschickt.

In Wien unterrichtete Beethoven eigentlich weniger, um Geld zu verdienen. Eher wohl als Gegenleistung dafür, dass ihn der Wiener Adel so liebenswürdig aufnahm und förderte. Aber sicherlich auch, weil die jungen Damen so reizend waren. Darunter waren nämlich zum Beispiel die Gräfinnen Giulietta Guicciardi und Therese und Josephine Brunsvik. Denen bist du ja im letzten Kapitel gerade begegnet. Manchen seiner Schülerinnen hat Beethoven nicht nur Klavierunterricht gegeben, sondern er hat ihnen auch schon mal eine seiner Kompositionen gewidmet. Das hat ihm Spaß gemacht, mit den jungen Damen.

Nur drei junge Herren waren es, die „richtige“ Schüler Beethovens wurden. Der eine war Carl Czerny, der selbst später ein berühmter Klavierlehrer wurde. Er schrieb viele, viele Stücke für den Kavierunterricht. Vielleicht spielst du auch Klavier. Dann hast du bestimmt schon einmal Etüden oder andere Übungen von ihm gespielt.

Der andere Schüler war Ferdinand Ries, der Sohn des Bonner Geigers Franz Anton Ries. Ferdinand Ries wurde später auch Komponist. Carl Czerny und Ferdinand Ries bekamen allerdings nur Klavierunterricht von Beethoven. Beide haben später von ihrem Unterricht erzählt, dass Beethoven „sehr streng, oft heftig und nicht immer geduldig“ gewesen sei.

Für Ferdinand Ries nahm Beethoven sich aber offensichtlich viel Zeit. Bestimmte Stellen ließ er ihn immer und immer wieder spielen. So lange, bis Ries endlich den

Ausdruck, den Charakter der Stelle so getroffen hatte, wie Beethoven es wollte.

Bei Carl Czerny ging es etwas anders zu. Ihn ließ Beethoven erst einmal nur Tonleitern spielen und dabei die richtige Haltung der Hände und den Daumen-Untersatz üben. Immer weiter. Kommt dir das bekannt vor? Dann musste er anhand von Übungsstücken das Legato-Spiel üben. Erst viel später wurden endlich auch Klavierstücke von Beethoven durchgenommen.

Der einzige Schüler, der von Beethoven nicht nur im Klavierspiel, sondern auch in der Kunst des Komponierens unterrichtet wurde, war Erzherzog Rudolph. Wenn du in die zweite Etage des Beethoven-Hauses kommst, siehst du sein Bild über dem Kamin des großen Raumes. Erzherzog Rudolph war Geistlicher, deshalb die rote Robe und seine Kopfbedeckung. Er stammte aus der kaiserlichen Familie der Habsburger und er war sehr musikalisch. Er besaß eine riesige Notensammlung. Und außerdem war er ein großer Förderer der Musik.

Noch aus einem anderen Grund war er ein wichtiger Mann für Beethoven. Der Erzherzog und noch zwei andere Wiener Fürsten zahlten ihm nämlich eine „Rente", so etwas wie ein Gehalt aus. Das war eine Geldsumme, die Beethoven jeden Monat bekam, damit er ein bisschen sorgloser leben und sich nur dem Komponieren widmen konnte. Beethoven hatte ja in Wien keine feste Anstellung.

Sehr regelmäßig war der Unterricht, den Beethoven dem Erzherzog gab, trotzdem nicht. Der Erzherzog litt an Epilepsie – man sagte dazu auch Fallsucht –, und er war deshalb oft in Kur oder krank. Manchmal hatte Beethoven auch keine Lust oder keine Zeit, weil er gerade an einem Werk arbeitete. Seine Aufgabe als Kompositionslehrer nahm er dennoch sehr ernst. Er stellte dem Erzherzog Kompositionsübungen zusammen, die dieser durchzuarbeiten hatte. Ganz so, wie Beethoven selbst es bei Haydn, Albrechtsberger und Schenk einige Jahre vorher auch hatte tun müssen.

So ein Künstler wie Beethoven muss ein angenehmes Leben haben, nicht wahr? Er braucht nicht früh aufzustehen, er braucht nicht zur Arbeit zu gehen. Er hat keine Familie, um die er sich kümmern muss, er hat keinen, der ihm sagt, was er zu tun hat und was er nicht zu tun hat. Er kann sich den ganzen Tag so einteilen, wie er gerade Lust hat.

Nun, Beethoven hatte zwar niemanden, vor dem er rechtfertigen musste, womit er seine Tage verbrachte. Dafür hatte er etwas anderes: Einen starken Willen. Er hatte viel vor. Er war voller Melodien, voller Ideen. Und die wollte er verwirklichen. Nicht wegen anderer Leute oder wegen des Geldes, sondern der Musik zuliebe. Er hatte sein Leben der Musik gewidmet. Und weil die Musik ihm das Wichtigste war, war er in dieser Hinsicht ein äußerst disziplinierter Mensch. Das war er wahrhaftig nicht in jeder Hinsicht. Wer sein Arbeitszimmer gesehen hat, hätte wohl nicht behauptet, dass Beethoven ein disziplinierter Mensch war. Denn dort herrschte das reinste Chaos. Und ob seine Kleidung immer ordentlich aussah, das interessierte ihn auch nicht unbedingt. Das waren eben nicht die Dinge, die ihm wirklich wichtig erschienen.

Beethoven stand jeden Morgen früh auf. Meistens mit der Sonne. Die frühen Stunden des Tages arbeitete er am Schreibtisch. Wir haben seinen letzten Schreibtisch übrigens noch. Den, an dem er in Wien gearbeitet hat. Er steht im Museums-Raum 9. Wenn er auf Reisen war, hatte er immer ein Reiseschreibpult mit. So eine Art Laptop. Ähnlich wie ein Laptop kann man das auch zuklappen, und in

den seitlichen Schubladen ist noch Platz für Schreibutensilien. An seinem Schreibtisch oder seinem Reiseschreibpult und natürlich am Klavier arbeitete er seine Ideen und seine Skizzen dann aus.

Seine Ideen, seine Eingebungen bekam er vor allem bei Spaziergängen. Er liebte die Natur. Hier konnte er vielleicht am besten entspannen oder mit seiner Musik allein sein. Wahrscheinlich sind ihm dabei die ganze Zeit Melodien durch den Kopf geschwirrt. Und bestimmt so, dass er sie richtig hören konnte. Beethoven war bis ins Alter sehr rüstig und gut zu Fuß. Seine Spaziergänge waren oft sehr lang. Besonders in den Sommermonaten, die er am liebsten in ländlichen Gegenden außerhalb Wiens verbrachte.

Meistens ging er nachmittags spazieren. Bei jedem Wetter, in leicht nach vorn gebeugter Haltung und schnellen Schrittes. Dabei nahm er oft einen Spazierstock mit. Zum Beispiel den in der Vitrine neben dem Schreibtisch. Ein Heftchen oder ein Blatt Papier und etwas zum Schreiben hatte er immer dabei, damit ihm nur ja keine einzige Idee verloren ging. Der Maler Joseph Weidner hat Beethoven bei einem seiner Spaziergänge gezeichnet, mit seinem Spazierstöckchen in der Hand. Und auch Johann Peter Lyser hat eine Zeichnung von Beethoven gemacht, mit der erwähnten leicht gebeugten Körperhaltung. Beethoven wirkt auf dieser Zeichnung ziemlich klein. Er maß ja auch gerade einmal ein Meter sechzig. Lysers Zeichnung siehst du in der Nähe des Schreibtisches. Wundere dich nicht über die ausgebeulte Rocktasche – da sind bestimmt Beethovens Schreibutensilien drin.

Nach so einem ausgiebigen Spaziergang kehrte Beethoven dann immer in ein Gasthaus ein. Dort rauchte er eine Pfeife und las in der Zeitung. Seine Brille hatte er auch immer mit. Die steckte wahrscheinlich auch in der ausgebeulten Rocktasche. So hat ihn 1823 ein Wiener Beamter namens Eduard Klosson gezeichnet.

Nachmittags trank Beethoven Kaffee. Das war eins seiner Lieblingsgetränke. Zu Hause legte er übrigens äußersten Wert darauf, dass sein Kaffee auf eine ganz bestimmte Weise gemacht wurde. Er zählte nämlich die Bohnen genau ab: 60 Kaffeebohnen wurden pro Tasse gemahlen. Kehrte Beethoven abends in ein Gasthaus ein, dann bestellte er sich Bier und eines seiner Lieblingsgerichte:

Blutwurst mit Kartoffeln oder Makkaroni mit Parmesan.

Beethoven war natürlich oft zu Tisch bei seinen adeligen Bekannten eingeladen. Aber meistens aß er mittags in Gasthäusern. Das waren immer sehr vornehme und elegante Speiselokale. Wie zum Beispiel der „Schwan“ oder der „Erzherzog Karl“. Ein gutes und gesundes Essen war Beethoven nämlich wichtig, weil er einen empfindlichen Magen und dauernd Ärger mit Verdauungsstörungen, mit Durchfall oder mit Krämpfen hatte.

Vieles von Beethovens alltäglichen Lebensgewohnheiten wissen wir aus seinen Konversationsheftchen oder aus Erzählungen seiner Mitmenschen. Daher wissen wir zum Beispiel auch so genau, was Beethoven gerne gegessen hat: am liebsten Fisch, aber auch Wildfleisch, Wildgeflügel und Kalbfleisch. Also nahrhafte, aber feine und fettarme Fleischsorten. Suppen mochte er auch gern. Besonders eine „Brotsuppe“. Die wurde aus Schwarzbrot gemacht. Und am Schluss wurden rohe Eier hineingegeben. Die Eier mussten allerdings ganz frisch sein. Das hat Beethoven auch persönlich und pingelig überprüft. Es gab ja schließlich noch keine Kühlschränke. Die hygienischen Verhältnisse waren zu der Zeit sowieso nicht sehr gut. Man konnte Wasser zum Beispiel nur trinken, wenn es vorher abgekocht war. Deshalb waren auch alkoholische Getränke wie Bier oder Wein viel beliebter. Weil Alkohol ja vor Infektionen schützt. Allerdings belastet er dafür die Leber.

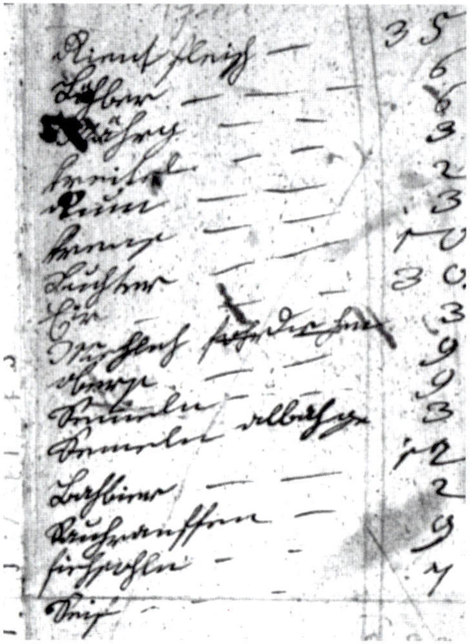

In einem Haushaltsbuch hielt Beethoven die Ausgaben fest. Hier unter anderem für Rindfleisch, Leber, Möhren, Butter, Eier, Semmeln, für den Barbier und für Seife.

Trotzdem hat sich Beethoven gern einmal ein Weinchen gegönnt. Meist waren es einheimische, also österreichische Weine. Aber man konnte ihm eine besondere Freude machen, wenn man ihm eine Kiste Rheinwein aus der Heimat schickte.

Als Beethoven 45 Jahre alt war, starb sein Bruder Kaspar Karl. So wurde er „Vormund“, also erziehungsverantwortlich, für dessen neunjährigen Sohn, seinen

Neffen Karl. Das war endlich Anlass für ihn, einen eigenen Hausstand zu gründen. Er hatte sich jetzt schließlich um seinen Neffen zu kümmern und wollte ihm natürlich auch einen regelmäßigen Mittags- und Abendtisch bieten. Darum stellte er zum ersten Mal eine Köchin und ein Küchenmädchen ein. Er hatte auch vorher schon Bedienstete beschäftigt. Aber irgendwie klappte das nie richtig mit diesem „Lumpengesindel", wie er es oft nannte. Deshalb warf er das Personal häufig schon nach kurzer Zeit hinaus und stellte bald darauf wieder neues ein. Er war sehr misstrauisch gegenüber seinen Bediensteten, weil er immer glaubte, bestohlen oder betrogen zu werden. Ganz sicher hing sein Misstrauen damit zusammen, dass er immer schwerhöriger wurde. Später ja sogar völlig taub. Und dass er sich dadurch möglicherweise irgendwie hilflos und wehrlos fühlte.

Viele Kleinigkeiten der alltäglichen Haushaltsführung nahm Beethoven auch selbst in die Hand. Er schrieb die Ausgaben auf, er machte Einkaufszettel und er notierte sich Neues, das ihm für seinen Haushalt nützlich erschien. Zum Beispiel neu erschienene Kochbücher. Aus der Wiener Zeitung vom 23. September 1825 notierte er sich die Anzeige einer gerade erfundenen Kaffeemaschine, *„bei der mittels einer Vorrichtung, welche das durch die heißen Dämpfe aufgelöste Aroma durch Löschpapier mit solcher Gewalt durchpresse, daß auch nicht ein Atoma mehr in dem ausgelaugten Kaffeepulver zurückbleiben könne, wodurch Ersparung an Kaffe u. Geschwindigkeit gewonnen wird*". Klingt gut, nicht? Vielleicht hat er sie sich ja sogar gekauft.

Aber so richtig in den Griff bekam er seine häuslichen Angelegenheiten doch nicht. Zum Glück gab es da aber einige gute Freunde, die er immer wieder in diesen Dingen um Rat fragen konnte. Einer der Ersten, die Beethoven in Wien kennen lernte, war der Hofsekretär Baron Nikolaus Zmeskall von Domanovecz, ein Amateur-Cellist. Er schnitt für Beethoven die Schreibfedern und wurde ein wichtiger Berater bei Beethovens Problemen mit den Dienstboten. Dem „Lumpengesindel". Die beiden hatten ein sehr freundschaftliches Verhältnis und gingen sehr launig und humorvoll miteinander um.

„Musikgräferl", „Nicht außerordentlicher sondern ordentlicher gewöhnlicher Federnmeister", „nicht Musikgraf, sondern Freßgraf", so oder so ähnlich begannen viele Briefe, die Beethoven an Zmeskall schrieb.

Ähnlich launig ist auch der Briefwechsel mit dem Kassenbeamten Karl Holz. Auch der war ein tüchtiger Amateur-Musiker. Er spielte sogar ab und zu die zweite Geige in Schuppanzighs Streichquartett. „Span vom Holz Christi“, „Bestes Mahagoniholz“, „Lucullischer Küchenprocurator“ nannte Beethoven den Freund, der ihm besonders in den letzten Jahren seines Lebens in vielen Dingen zur Seite stand.

Schade, dass wir die humorvolle Seite von Ludwig van Beethoven so wenig kennen. Viele seiner Briefe „würzte“ er nämlich mit Scherzen und Wortspielen. Manchmal auch mit spaßigen musikalischen Anreden. Ein Briefchen an Zmeskall begann er zum Beispiel:

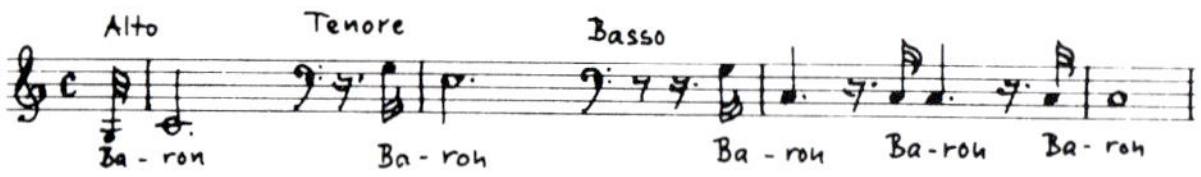

Manchmal schrieb er auch witzige Kanons an seine Freunde. Für Karl Holz schrieb er den Kanon: „Wir irren allsamt, nur jeder irret anderst“.

Versuch einmal, diese vier Takte mit jemandem zu singen. Der zweite Sänger setzt bei dem * ein.

Einen ganz frechen Kanon schrieb er an den Grafen Lichnowsky: „Bester Graf, sie sind ein Schaf!“ Den kannst du mit noch drei anderen singen. In jedem neuen Takt setzt dann ein weiterer Sänger ein.

Und wenn das nicht klappen sollte, dann singst du verärgert: „Hol‘ euch der Teufel! B’hüt euch Gott!“

Das singst du mit einer weiteren Person. Und damit es richtig klingt, muss der zweite Sänger einen Ton höher anfangen, also mit c und nicht mit b – aber in der gleichen Tonart, also mit b und es. Das ist übrigens ein „Canon infinitus“ – ein unendlicher Kanon. Den kannst du stundenlang singen, wenn du willst.

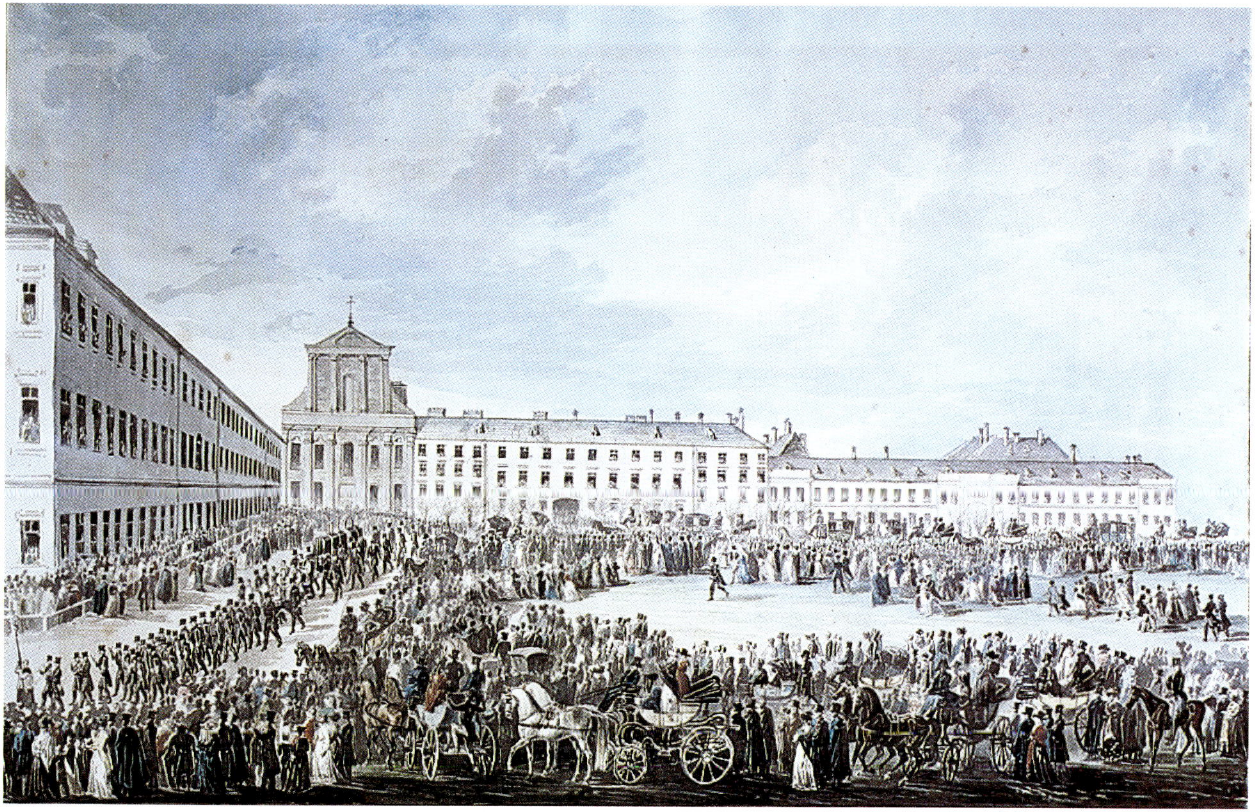

Als Beethoven am 26. März 1827 starb, war er eine so berühmte und beliebte Persönlichkeit, dass bei seiner Beisetzung am 29. März zwanzigtausend Menschen seinem Sarg folgten. Sie folgten ihm von seinem letzten Wohnhaus in der Schwarzspanierstraße bis zum Friedhof in Währing. Das ist ein Vorort von Wien. Kannst du dir vorstellen, wie viele das sind, zwanzigtausend Menschen? Wenn das Tennisstadion in Wimbledon rappelvoll ist, sind da zehntausend Leute drin. Also gerade mal die Hälfte. Und wären sie einzeln hintereinander hergegangen, wäre der Trauerzug fast zehn Kilometer lang gewesen. All diese Menschen wollten ihn auf seinem letzten Weg begleiten. Die Kinder hatten schulfrei.

Viele berühmte Dirigenten, Musiker und Komponisten waren dabei. Sie trugen sein Sargtuch oder Fackeln. Einer der Fackelträger war Franz Schubert. Den kennst du sicher auch. Er war 27 Jahre jünger als Beethoven und er bewunderte dessen Musik sehr. Bevor der Sarg in die Erde gelassen wurde, trug ein bekannter Schauspieler eine große Rede vor, die der Dichter Franz Grillparzer auf Beethoven geschrieben hatte.

Das Grab von Ludwig van Beethoven befindet sich übrigens heute auf dem größten Friedhof von Wien, dem Zentralfriedhof. Ungefähr 60 Jahre nach seinem Tod wurde ihm dort ein Ehrengrabmal errichtet.

Woran Beethoven eigentlich gestorben ist, weiß man gar nicht so genau. Es wurde viel herumgerätselt. Wahrscheinlich kam einfach vieles zusammen. Du hast ja gelesen, dass Beethoven immer mal Ärger mit dem Magen hatte. Mit 50 Jahren bekam er eine Gelbsucht. Seitdem funktionierte seine Leber nicht mehr richtig. Zwei Jahre vor seinem Tod hatte er eine „Gedärmentzündung". Immer wieder hatte er mit Erkältungen, Entzündungen und Fieber zu tun. Weil seine Leber nicht mehr in Ordnung war, sammelte sich überschüssiges Wasser in seinem Körper. Er bekam eine „Wassersucht". Im Winter 1826 reiste er auch noch bei Eiseskälte in einer offenen Kutsche und holte sich eine Lungenentzündung. Ungefähr drei Monate später, am 26. März 1827, starb er dann. Da war er 56 Jahre alt. Aber eigentlich war das damals ein normales Lebensalter.

Kurz nach seinem Tod nahm man eine Totenmaske von Beethoven. Wenn du die mit der Maske von 1812 vergleichst, siehst du, wie abgemagert und eingefallen sein Gesicht aussah.

Sein Testament hatte Beethoven schon lange vor seinem Tod gemacht. Aber drei Tage bevor er starb, hat er noch einen Nachtrag dazu geschrieben. Darin hat er seinen nunmehr 20-jährigen Neffen Karl als Alleinerben seiner persönlichen Habe eingesetzt. An diesem Dokument siehst du, wie schwach Beethoven schon war. Wie seine zittrigen Hände ihm nicht mehr richtig gehorchten. „Neffffe“ schrieb er zum Beispiel. Und „Nachlalaßes“ und „luwig“.

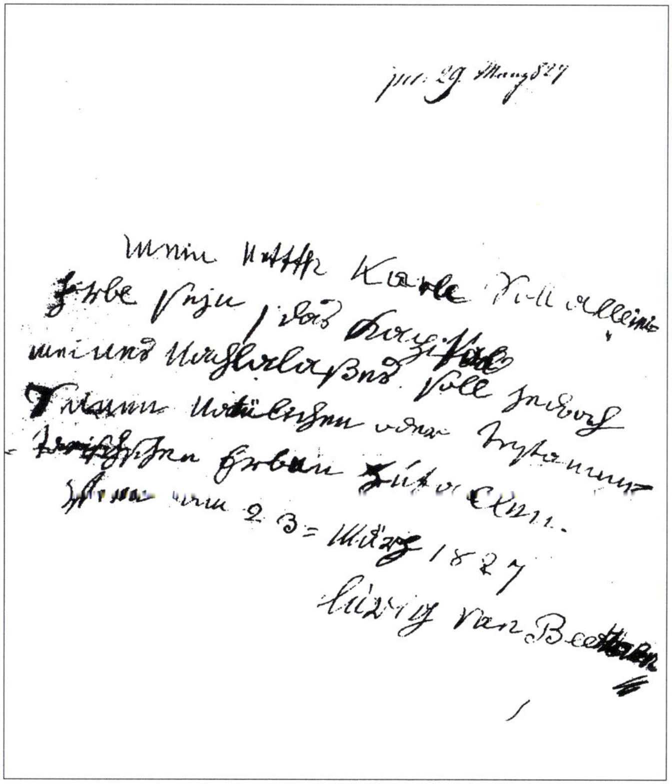
Wien am 23 = März 1827

Beethoven starb nicht als armer Mann. Er hinterließ seinem Neffen immerhin sieben Bank-Aktien. Außerdem vererbte er ihm das Ölbild seines Großvaters Ludwig van Beethoven. Die letzten Notenhandschriften, die man in seiner Wohnung fand, wurden einige Monate nach seinem Tod versteigert und verschwanden in Privatbesitz. Die allermeisten seiner Werke waren da aber schon längst gedruckt und aufgeführt. Sie gehören nun uns allen.

Beethovens Musik

Jetzt hast du eine Menge über das Leben von Ludwig van Beethoven erfahren. Du weißt nun, dass er sein ganzes Leben lang komponiert hat. Fassen wir sein Lebenswerk noch einmal zusammen.

Als Kind schrieb Beethoven natürlich zuerst einmal für die Instrumente, die er selbst spielen konnte: für das Klavier, für die Orgel und für die Stimme.

Er komponierte Lieder, kleine Orgelstücke, Klavierstücke, Klaviersonaten, Variationen. Hin und wieder auch Werke für Klavier und zwei oder drei Begleitstimmen. So entstanden kleine Kammermusiken: Klaviertrios oder Klavierquartette.

Mit zunehmendem Alter und mit zunehmender Vertrautheit mit verschiedenen Instrumenten und Stimmen schrieb er dann auch für größere Besetzungen. Es entstanden Klavierkonzerte, zwei Kantaten für Chor und Orchester und mehrere Opernarien für Singstimme und Orchester.

Als Beethoven im Alter von 22 Jahren nach Wien kam, begann er, was das Komponieren angeht, praktisch noch einmal von vorn. Er komponierte zunächst fast überhaupt nicht mehr, sondern machte sich nur als Pianist einen Namen. Gleichzeitig studierte er aber intensiv, was die Komponisten der großen Musikstadt Wien so machten. Es gab dort sowohl mehrere Theater mit eigenen Orchestern als auch eine Hofkapelle des Kaisers und viele private kleine Musikkreise.

Auch in Wien galten Beethovens erste Kompositionen seinem ureigenen Instrument, dem Klavier. So entstanden vor allem Klaviersonaten, Variationen und Kammermusik für Klavier und Lieder. Auch Entwürfe zu Klavierkonzerten stammen aus dieser ersten Wiener Zeit.

Mit ungefähr 30 Jahren wandte er seine Aufmerksamkeit intensiv dem Orchester zu. Er arbeitete die Entwürfe zu seinen Klavierkonzerten aus, schrieb Ouvertüren und erste Symphonien. Von der Dritten und der Fünften Symphonie hast du bestimmt schon gehört. Die Dritte Symphonie heißt „Eroica“. Das ist italienisch und bedeutet „heroische Symphonie“ oder „Helden-Symphonie“. Beethoven wollte sie nämlich ursprünglich dem großen französischen Kaiser Napoleon widmen. Die Fünfte Symphonie ist die mit dem ta ta ta taaaa.

Ungefähr zur gleichen Zeit hat Beethoven auch an seiner einzigen Oper gearbeitet. In der ersten Version hieß sie noch „Leonore“. In der letzten und heute bekannten Fassung heißt sie „Fidelio“. Kammermusik und Lieder schrieb Beethoven aber auch weiterhin.

In seinen letzten Lebensjahren beschäftigte sich der inzwischen weltberühmte Komponist vor allem mit zwei großen Projekten: der „Missa solemnis“ und der Neunten Symphonie, beides Werke für großes Orchester und Chor. In der Neunten Symphonie tritt der Chor allerdings erst im letzten Satz auf und singt die „Ode an die Freude“ von Friedrich Schiller. Auch die kennst du bestimmt. Sie ist nämlich inzwischen die Europahymne geworden.

Nach diesen beiden großen Werken schrieb Beethoven nur noch Werke für Streichquartett, die ein russischer Fürst bei ihm bestellt hatte.

Das letzte Werk, das Ludwig van Beethoven kurz vor seinem Tod noch angefangen hat, war ein Stück für fünf Streichinstrumente. Davon hat er leider nur noch 24 Takte zu Papier bringen können.

Dies sind seine Hauptwerke:

32 Klaviersonaten, 10 Violinsonaten,
5 Klavierkonzerte, 9 Symphonien,
16 Streichquartette und eine Oper

Urians Reise um die Welt

Text von Matthias Claudius

2. Zuerst ging's an den Nordpol hin;
Da war es kalt, bei Ehre!
Da dacht' ich denn in meinem Sinn,
Daß es hier besser wäre.
Tutti: Da hat Er gar nicht übel...

3. In Grönland freuten sie sich sehr,
Mich ihres Orts zu sehen,
Und setzten mir den Trankrug her;
Ich ließ ihn aber stehen.
Tutti: Da hat Er gar nicht übel...

4. Die Eskimos sind wild und groß,
Zu allem Guten träge;
Da schalt ich einen einen Kloß
Und kriegte viele Schläge.
Tutti: Da hat Er gar nicht übel...

5. Nun war ich in Amerika;
Da sagt' ich zu mir: „Lieber!
Nordwestpassage ist doch da;
Mach dich einmal darüber!"
Tutti: Da hat Er gar nicht übel...

6. Flugs ich an Bord und aus ins Meer,
Den Tubus festgebunden,
Und suchte sie die Kreuz und Quer,
Und hab' sie nicht gefunden.
Tutti: Da hat Er gar nicht übel...

7. Von hier ging ich nach Mexiko;
Ist weiter als nach Bremen;
Da, dacht' ich, liegt das Gold wie Stroh;
Du sollst 'n Sack voll nehmen.
Tutti: Da hat Er gar nicht übel...

8. Allein, allein, allein, allein,
Wie kann ein Mensch sich trügen!
Ich fand da nichts als Sand und Stein
Und ließ den Sack da liegen.
Tutti: Da hat Er gar nicht übel...

9. Drauf kauft' ich etwas kalte Kost
Und Kieler Sprott' und Kuchen
Und setzte mich auf Extrapost,
Land Asia zu besuchen.
Tutti: Da hat Er gar nicht übel...

10. Der Mogul ist ein großer Mann
Und gnädig über Maßen
Und klug; er war itzt eben dran,
'n Zahn ausziehn zu lassen.
Tutti: Da hat Er gar nicht übel...

11. Hm! dacht' ich, der hat Zähnepein
Bei aller Größ' und Gaben! –
Was hilft's denn auch noch: Mogul sein?
Die kann man so wohl haben.
Tutti: Da hat Er gar nicht übel...

12. Ich gab dem Wirt mein Ehrenwort,
Ihn nächstens zu bezahlen;
Und damit reist' ich weiter fort
Nach China und Bengalen.
Tutti: Da hat Er gar nicht übel...

13. Nach Java und nach Otaheit
Und Afrika nicht minder;
Und sah bei der Gelegenheit
Viel Städt' und Menschenkinder.
Tutti: Da hat Er gar nicht übel...

14. Und fand es überall wie hier,
Fand überall 'n Sparren,
Die Menschen grade so wie wir
Und eben solche Narren.
Tutti: Da hat er übel, über dran getan;
Verzähl' Er nicht weiter, Herr Urian!

Beethoven-Kreuzworträtsel

Hast du es schon bemerkt? Jetzt, am Ende dieses Buches, bist du ein richtiger Beethoven-Experte geworden. Deshalb wird es dir auch nicht schwer fallen, dieses Kreuzworträtsel zu lösen.
Um das Lösungswort herauszufinden, musst du aus jedem der 15 Kapitel dieses Buches eine Frage beantworten. Wen oder was das Lösungswort meint, weißt du bestimmt.
Vielleicht fällt dir nicht jede Antwort gleich auf Anhieb ein. Dann schlag einfach in dem entsprechenden Kapitel noch einmal nach.

Hier also die Fragen:

1. In welcher Straße wohnte die Familie Beethoven, als Beethovens Mutter starb?

2. Wie war der Vorname von Beethovens Vater?

3. Als Beethoven elf Jahre alt war, erschien seine erste gedruckte Komposition. Welche musikalische Form hatte Neefe seinen Schüler in diesem Stück ausführen lassen?

4. Die Musik welches Komponisten wurde am Bonner Hof unter Kurfürst Maximilian Franz ganz besonders gerne aufgeführt?

5. Welche Bonner Familie nahm Beethoven wie ein weiteres Kind der Familie auf?

6. Bei welchem Komponisten in Wien wollte Beethoven vor allem etwas über die Komposition von Gesangsstücken lernen?

7. Wie nennt man die Vorstudien, die sich ein Komponist zu einem Werk macht?

8. Welches Instrument, das der junge Beethoven im Bonner Hoforchester spielte, ist noch erhalten?

9. Beethoven schenkte seinem Freund Stephan von Breuning zur Versöhnung nach einem Streit ein Porträt von sich. Wie hieß der Künstler, der es gemalt hat?

10. In welchem Vorort von Wien befand sich Beethoven, als er sich seine Verzweiflung über seine Taubheit in einem Testament „von der Seele" schrieb?

11. Wie alt war Beethoven, als er den Brief an die „Unsterbliche Geliebte" schrieb?

12. Schon in Bonn hatte Beethoven Klavierunterricht gegeben. Eine seiner Schülerinnen hier war das Fräulein von ...

13. Welche neue Erfindung notierte sich Beethoven, die im September 1825 in der Wiener Zeitung angezeigt worden war?

14. In welchem Wiener Vorort lag der Friedhof, auf dem Beethoven begraben wurde?

15. Wie hieß der Titel der einzigen Oper von Beethoven in ihrer ersten Version?

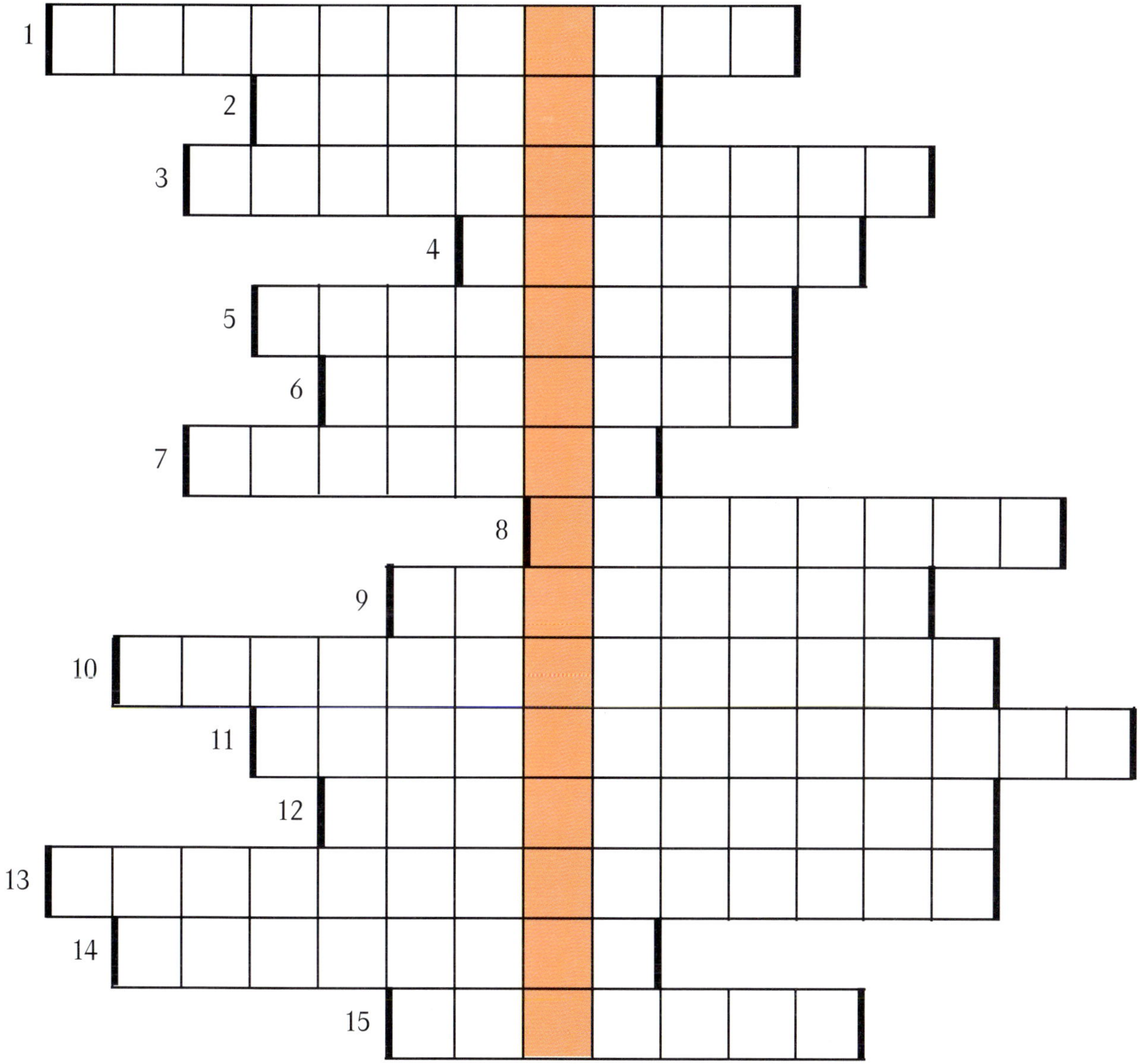
1
2
3
4
5
6
7
8
9
10
11
12
13
14
15

Beethoven-Daten

- **1770**, am 17. Dezember wird Ludwig van Beethoven getauft.
- **1773**, am 24. Dezember stirbt Beethovens Großvater.
- **1774**, am 8. April wird Beethovens Bruder Kaspar Karl getauft.
- **1776**, am 2. Oktober wird Beethovens Bruder Nikolaus Johann getauft.
- **1778**, am 26. März tritt Beethoven zum ersten Mal in einem großen Konzert auf.
- **1782/1783** erscheinen die ersten gedruckten Kompositionen Beethovens: Neun Variationen über einen Marsch von Dressler (Werk ohne Opuszahl 63) und die drei „Kurfürstensonaten" (WoO 47).
- **1787** macht sich Beethoven auf den Weg nach Wien, um bei Mozart zu studieren. Er wird aber bald schon nach Bonn zurückgerufen, da seine Mutter sterbenskrank ist.
- **1787**, am 17. Juli stirbt Beethovens Mutter.
- **1789** schreibt sich Beethoven als Student an der Bonner Universität ein.
- **1789**, am 14. Juli stürmen die Bürger von Paris das Gefängnis und lösen damit die französische Revolution aus.
- **1789**, am 27. August werden in Paris die Menschenrechte ausgerufen, nach denen jeder Mensch gleich und frei ist.
- **1791**, am 5. Dezember stirbt Wolfgang Amadeus Mozart.
- **1792**, im November bricht Beethoven ein zweites Mal nach Wien auf. Er möchte bei Haydn studieren. Nach Bonn wird er nicht mehr zurückkehren.
- **1792**, am 18. Dezember stirbt Beethovens Vater.
- **1794** besetzen die Franzosen die Rheinlande.
- **1795** werden die ersten Werke Beethovens gedruckt, die er selbst für bedeutend genug hielt, um ihnen eine Opuszahl zu geben: Drei Klaviertrios Opus 1.
- **1796** beginnt Beethovens Gehörleiden, das später zu völliger Taubheit führt.
- **1797**, am 19. November wird Franz Schubert geboren.
- **1799** schreibt Beethoven seine achte Klaviersonate, die „Pathétique" (op. 13).
- **1800**, am 2. April wird Beethovens erste Symphonie (op. 21) in einem großen Konzert zum ersten Mal aufgeführt.
- **1801** werden die ersten Streichquartette Beethovens (op. 18) gedruckt.
- **1802** wird Beethovens 14. Klaviersonate gedruckt (cis-Moll, op. 27 Nr. 2), die später die „Mondschein-Sonate" genannt wird.
- **1802**, im Oktober schreibt Beethoven in dem Wiener Vorort Heiligenstadt ein „Testament", in dem er seine ganze Verzweiflung über sein Gehörleiden ausdrückt.

• **1804** beendet Beethoven seine Dritte Symphonie (op. 55), die „Eroica“.

• **1805** beendet Beethoven seine einzige Oper in der ersten Fassung, in der sie den Titel „Leonore“ trägt.

• **1806** schreibt Beethoven sein einziges Violinkonzert (op. 61).

• **1808**, am 22. Dezember werden in einem großen Konzert die Fünfte Symphonie (op. 67) und die Sechste Symphonie (op. 68, Pastorale) zum ersten Mal gespielt.

• **1809**, am 31. Mai stirbt Joseph Haydn.

• Seit **1809** erhält Beethoven von Erzherzog Rudolph und den Fürsten Lobkowitz und Kinsky eine jährliche „Rente“.

• **1810** macht Beethoven der 21 Jahre jüngeren Therese Malfatti einen Heiratsantrag. Sie lehnt aber ab.

• **1812**, im Juli hält sich Beethoven zur Sommerfrische in dem böhmischen Badeort Teplitz auf. Dort trifft er mehrmals mit Goethe zusammen.

• **1812**, am 6. und 7. Juli schreibt Beethoven einen langen Liebesbrief an seine „Unsterbliche Geliebte“.

• **1814** überarbeitet Beethoven seine einzige Oper noch einmal und nennt sie jetzt „Fidelio“.

• **1815**, am 15. November stirbt Beethovens Bruder Kaspar Karl. Beethoven übernimmt die Erziehungsverantwortung für seinen Neffen Karl.

• Seit **1818** muss Beethoven bei Unterhaltungen Gesprächshefte, sogenannte „Konversationshefte“ benutzen.

• **1819** beginnt Beethoven mit der Komposition einer großen Messe, der „Missa solemnis“ (op. 123). Sie soll bei der feierlichen Amtseinführung seines Schülers Erzherzog Rudolph zum Erzbischof von Olmütz gespielt werden, wird aber erst später fertig.

• **1824**, am 7. Mai wird in einem großen Konzert Beethovens Neunte Symphonie (op. 125, mit dem Schlusschor über Schillers „Ode an die Freude“) zum ersten Mal aufgeführt. Am Ende dieses Konzertes muss Beethoven, der in der ersten Reihe sitzt und inzwischen nichts mehr hören kann, zum Publikum gedreht werden, damit er den tosenden Beifall wenigstens sehen kann.

• **1826**, Beethoven beendet seine letzten Streichquartette.

• **1827**, am 26. März stirbt Ludwig van Beethoven in Wien.

Dieses Buch entstand parallel zu dem ersten Ferien-Workshop für Kinder im Beethoven-Haus im Oktober 1999. Die Ergebnisse des Workshops sind in unterschiedlicher Weise in das Buch eingeflossen. Die Rätsel, Puzzles, Spiele und Lieder sind von den Teilnehmern des Workshops ausprobiert, das Kreuzworträtsel gemeinsam mit ihnen erarbeitet worden. Arbeiten der Workshop-Teilnehmer – Scherenschnitte, Beethoven-Porträts und Briefe an Beethoven – illustrieren das Buch.

Martella Gutiérrez-Denhoff ist Musikwissenschaftlerin und arbeitet seit vielen Jahren im Beethoven-Haus. Sie hatte die Idee zu diesem Buch, gab den Inhalt der einzelnen Kapitel vor und hat sich die Rätsel und Spiele ausgedacht. Das Kapitel über die „Beethoven-Bilder" hat **Silke Bettermann** vorbereitet. Sie ist Kunsthistorikerin und ebenfalls seit vielen Jahren für das Beethoven-Haus tätig.

Dieter Naumann hat für die Kapitel des Buches eine Sprache gefunden, die Kindern Lust zum Lesen macht. Er wurde 1954 in Niedersachsen geboren und lebt heute in Bornheim bei Bonn. Er ist verheiratet, liebt Kinder und hat selbst zwei Töchter. Er schreibt und malt für kleine und kleinste Leser und natürlich auch für junggebliebene Große. Ein lehrreiches Kinderbuch muß nicht unbedingt ein Lehrbuch sein. Seiner Philosophie entsprechend ist es viel wichtiger, dass der Spaß nicht zu kurz kommt, dass das Kind mit Vergnügen liest.

Abbildungsnachweise:

Buchumschlag: Beethoven-Bilder von Workshop-Teilnehmern:
vorne (von links oben nach rechts unten): Gabriel, Isabelle, Nora, Jamina, Helen, Samantha
hinten(von links oben nach rechts unten): Astrella, Christoffer, Sophie-Luise, Rebecca
Vorsätze: Briefe von Workshop-Teilnehmern
Seite 20: Scherenschnitte von Workshop-Teilnehmern
Seite 51: Staatsbibliothek zu Berlin. Stiftung Preussischer Kulturbesitz
Seite 63: Wiener Stadt- und Landesarchiv
Seite 53 und 66: G. Henle Verlag, München
alle anderen: Beethoven-Haus Bonn

Lieber Herr Ludwig van Beethoven.Wenn Sie wüssten was man mit ihnen für ein Geld macht, Sie würden sich im Grabe umdrehen. Es gibt Beethoven-Socken, Beethoven-Hosenträger ... Trotzdem gefällt mir der Beethoven-Workshop sehr gut. Ich verstehe nicht wie man mit 42 Jahren noch so einen Liebesbrief schreiben kann, obwohl es immer heißt: „Mit 66 Jahren fängt das Leben an." Die aller besten Wünsche auch an die Unsterbliche Geliebte, Ihre (eure) Franziska • Bonn den 7. Oktober 99. Sehr geerter Lutwig van Behtoven. Ich finde dich toll. Ich hofe es get dir gut? Ich bin Rebecca. Ich spiele gern Geige und Klavir. Ich komponiere auch. Deine Lieder sind toll. Ich habe schon ein bild von dir gemalt. Mein erstes lied heist Clod Mone und mein zweites. Behtoven ist ein großer Herr. es tut mir leid wegen dem schwer hörig sein. Deine Rebecca • Sehr geherter Herr van Betoven. Ich heiße Dorothea. Ich höre gern ihre Musik. Mein lieblings Lied ist: Ein Lied für Elise. Ich finde das Haus wo sie geboren sind gefällt mir sehr. Gestern haben wir sie gemalt. Den Brief den sie an ihre geliebte geschrieben haben ist ein bischen merkwürdig. Wen haben sie alles geliebt? Schade das sie ihr gehör verloren haben. Ich spiele Altblockflöte und Sopranblockflöte. Eure Dorothea • Bonn den 7. Oktober 99. Sehr geehrter Ludwig van Beethoven, Ich wurde gezwungen Ihnen diesen Brief zuschreiben! Jetzt fragen sie sich sicher, warum ich gezwungen wurde Ihnen diesen Brief zuschreiben. Ich mache gerade einen Workshop über sie. Wir haben gerade Herbstferien. Mein Lieblingslied ist der Flohwalzer. Ich heiße Nora-Sophie. Ihre Nora • Bonn den, 7. Oktober 1999. Sehr geehrter Ludwig van Beethoven, Wir wurden gezwungen ihnen einen Brief zu schreiben. Mein Lieblingsstar ist Lou Bega und Whitney Houston. Ich würde gerne wissen wer die „unsterbliche Geliebte". Und an wen ist der Brief gerichtet? Von ihnen gefällt mir die Mondscheinsonate am besten. Ich spiele Querflöte. Sie haben sehr schöne Musik komponiert. Ihre Jamina • Bonn der 7.10.1999. Sehr geerter Ludwig van Beethoven, Ich hab schon ziemlich viel von Ihnen gehört. Hübsch sind Sie ja nicht grade, aber ihre Musik ist nicht schlecht. Ich spiele Fagott, aber ihre Noten hab ich noch nicht ausprobiert. War ihr Lehrer Neefe eigentlich streng? Mein Lieblingstück von ihnen ist übrigens „Für Elise" oder „Für Therese. Ihre: Marijke • Bonn 07.10.1999. Sehr geehrter Herr van Beethoven, Ich heiße Lisa und bin 11 Jahre alt. Ich habe jetzt Herbstferien und mache bei einem Workshop im Beethoven-Haus über dich. Wir sind 15 Kinder. Gestern haben wir dich gemalt und Scherenschnitte von dir ausgeschnitten. Übrigens, ich finde von deinen Stücken am besten Für Elise (oder besser für Therese?) Ich habe zwei Geschwister und spiele Blockflöte. Jetzt muß ich aber Schluß machen. Bis hoffentlich bald deine Lisa • Bonn, den 7. Okt. Sehr geehrter Herr Ludwig van Beethoven, ich mache zur Zeit in einem Ferien-Workshop mit. Dort lernen wir viele Dinge über sie. Gestern haben wir unser eigenes Beethovenbild gemalt. Heute haben wir uns Ohropax uns in die Ohren gesteckt damit wir verstehen können wie man sich fühlt wenn man taub ist und wurden gezwungen ihnen einen Brief zu schreiben. Von ihren Kompositionen gefällt mir die Mondscheinsonate. Ihre Isabelle • Sehr geerter Herr Beethoven, Für Elise (Terese) ist eines ihrer schönsten Lieder. Im Fußball würde ich sie nicht anheuern aber als Privatlehrer schon. Wie viel wiegen sie eigentlich? Also der Film der mit dem Wolf tanzt ist toll. Meine lieblingsgruppe ist Loona. Mein lieblingslied ist Blue. Ich spiele Klavier, c-Flöte und F-Flöte. Ich bin 11 Jahre. Christoffer 1999 • Bonn den 17.8.88. Lieber Ludwig! Ich heiße Samantha und bin 11 Jahre alt. Ich finde ihr Leben einfach zum jammern. Ich mache im Beethovenhaus einen Workshop. Die Leiterinnen heißen Frau Breitfuß, Frau Bettermann, Frau Gutiérres Denhoff und Frau Voss-Böcker sie sind nett. Wir sind 15 Kinder in der Gruppe. Wir lernen von ihnen alles über dich. Was für eine Kindheit du hattest und was für eine Liebe du hattest. Du hast so viele Instrumente gelernt. Ich kann nur Sopranblockflöte spielen und lerne gerade Altblockflöte. Du kannst gut spielen großes Lob. Hier ist ein kleiner Fragebogen für dich: 1) Wie alt wurde deine Mutter? 2) Warum hast du nicht geheiratet? Bis bald deine Samantha. P.S. Schreib mir zurück! • Bonn den 7.10.1999, Donnerstag. Lieber Herr Beethoven. Ich möchte unbedingt wisen an wenn der Brief war. Ich glaub der Brief war an Antonie. Ich fand die Kinder und Antonie nicht so schön. und der Libes Brief war nicht so schön. vile grüsse Astrella • Bonn, den 7.10.99. Hi du Ludwig van Bethoven!!! Hier in der neuen Welt ist es cool man ey. Es gibt Walkman, Fernsehen, Discman, Hörgeräte, Brillen, Lampen, Autos, Inliner, Motorräder, Mofas. Es gibt neue Stars zum Beispiel Spice Girls, Michael Jackson, Lubega und Luna u.s.w. Kannst du persisch? Die Hauptsprache ist Englisch. Tschüß Helen • Bonn den 7.10.1999 Donnerstag. Lieber Herr Beethoven! Ich bin die Sophie-Luise. Ich hätte sie gern mal kennen gelernt. Mein lieblingslied von ihnen ist der Flohwalzer. Ich habe gerade probiert wie das mit dem Ohropax ist. Ich finde es schräcklich. Tschüss deine Sophie-Luise • Lieber Bethofen von Ludwig, am Mittwoch haben wir Bilder von dir gemalt. Ich spiele Flöte und ich habe auch Lieder von dir gespielt. ich finde Maikel Dschäcksen blöd. Welche Frau liebst du am meisten? Wen hast du geheiratet? als du taub warst wurdest du dann wieder gesund? ich finde es blöd das es dich nicht mehr gibt, wir haben viel von dir gehört. Tschüs Linda • Bonn 6.9.1804. Sehr geehrter Ludwig van Beethoven. Mein Name ist Christian Gottlob Neefe. ihre Musik gefällt mir sehr und ich würde sie gerne an unserer Hofkapelle als Dirigent anstellen. Unser Angebot wäre 4 Taler pro Monat wenn sie einverstanden wären. Sie dürften natürlich auch ihre eigene Musik dirigieren. Melden sie sich einfach mit Brief oder per Schiffpost. Schicken sie mir bitte eine Partitur anstatt dem eigentlichen Geld! Viele Gruße Christian Gottlob Neefe • 13.10.99. Hi Ludwig! Wie geht es dir? Mir gut. Ich habe dich letztens gezeichnet. Aber ich zeige dir das Bild lieber nicht. Sonst fällst du in Ohnmacht so schlimm sieht es aus. Ich habe so Sehnsucht nach dir. Deine Augen sind so schön wie der Sonnenuntergang. Deine Haare sind so schön weich wie ein Kaninchenfell. In jeder freien Sekunde muss ich an dich denken. Schreibst du mir auch ein Lied über mich? Liebst du mich eigentlich noch? Ich liebe dich sehr. Denkst du auch an mich? Können wir uns mal verabreden? Vielleicht Samstag abend? Wir könnten ins Kino gehen da läuft StarTrek. Bitte schreib mir! Deine Anja • Bonn, den 13.10.99. Geliebter Ludwig van Beethoven! Ich vermisse euch so sehr! Mein Herz schlägt für euch, oh, ich sterbe nachher noch für euch! Was soll ich ohne euch tuhn? Oh, mein ein und alles! Kommt mich doch besuchen. Ich warte auf euch schon sehnsüchtig. Zum Glück habe ich Herbstferien und Zeit. Habt ihr auch Zeit? Wenn ja, kommt mich doch morgen besuchen. Wir könnten uns verlohben und heiraten... Ach mein hoch geliebter, ich hoffe dass du mir zurück schreibst. Deine dich liebende Annika • Bonn 13.10.1829. An Ludwig van Beethoven. Mir gefällt dein Kanon: Bester Graff, sie sind ein Schaff! sehr gut. Und was isch disch schon länger fragen wollte ist wie es dier in deinem Sarg gefällt? Ich glaube mir würde es gar nicht gefallen. Ich habe schon alle deine Freunde kennen gelärnt. Bei einigen war es etwas schwiriger weil sie schon tod sind aber das ist ja nicht so schlimm weil du ja auch schon tod bist. du must mir nicht zurück schreiben weil das wahrscheinlich etwas schwer sein wird weil du ja keinen Stift oder keine Feder und kein Papier haben wirst weil du ja in deinem Sarg liegst isch weiss gar nischt ob du meinen Brief überhaupt lesen kannst. wenn nischt werde isch ihn dir irgendwann vorlesen. Viele Grüße wunscht euch Sarah. P.S. Hier ist noch ein Hut für disch damit du keinen kalten Kopf bekommst! • Bonn den 13.10.1826. Lieber Ludwig. Wie geht es dir in Wien? Kann ich mal zu dir kommen? Wir alle vermissen dich sehr. Leider sind Stephan und Christoph Breuning gestorben. Graf Waldstein regiert über Bonn. Er regiert sehr gut. Kügelchens Bilder sind sehr beliebt. Einem Franzosen haben die Bilder sehr gefallen und er hat Kügelchen mit nach Frankreich genommen. Frau Koch arbeitet jetzt in einem